老子的哲學

〈四版〉

道沒有自己，
萬物就在道的無為虛靜之地

王邦雄　著

東大圖書公司

修訂二版序

老學講論三十年

王邦雄

《老子的哲學》寫於民國六十七、八年間，是升教授的論文，距今已近三十年。新版改為橫排，並略作校正修補，而以新的面貌發行。

當初，原以「老子哲學的形上架構與其政治人生的價值歸趨」作為學術研究的專題，在《鵝湖月刊》連載發表，每個月寫兩萬字，連登五期成冊，通過教育部審查，民國六十八年八月升等教授。

我當時任《鵝湖月刊》社社長，看諸多專欄，都難以為繼，無疾而終，故率先作一示範，證明只要專注凝聚，經由連載的責任感，不到半年間，就可以完成升等論文。民國六十九年九月，正式成書，由東大圖書公司出版。一者僅十萬字的篇幅，似嫌單薄，二者又擔心學術論文讀者難以消受，故加了兩萬字之多的序論〈談儒道兩家的道〉，此為演講錄音整理，在現場氛圍的激發之下，較有靈動的活力，可讀性高了許多；且由儒學導向道家，或許可以解消閱讀理解的艱難。

雖說五個月寫成，卻積累了多年教學的功力，原典精熟，《道德經》八十一章均被引進論文書寫中，且每一字句都可以融會貫通。而今作自家的讀者，重溫昔日沉浸經典而尋求新解的心路歷程，那可是用生命去解讀而有的智慧結晶呢！

最大的遺憾在，最後的結論未竟全功，一者氣力已耗盡，二者已無篇幅可以揮灑，故以〈現代意義〉的結語匆匆收場。我想以當時的學養，尚不足以對老子哲學的現代意義作出深具洞見的價值觀點。儘管美中不足，空留缺憾，卻為未來預存可以發揮的空間。

其後，發表了〈當代新道家的生命進路〉（收在《儒道之間》），以回應「當代新儒家」返本開新的理想呼喚，並與魏晉新道家作出區隔，不以自然反名教，而以道家虛靈的智慧，作為走向現代化的精神動源。並進一步承接牟宗三先生「一心開二門」從傳統開出現代的創發理念，而有「從孔孟讓開一步到老莊，再由老莊下來一步到荀韓」的新思維（收在《生命的實理與心靈的虛用》）。

捨此而外，〈老莊思想的生死智慧〉、〈道家思想的倫理空間〉、〈身心靈三層次的生命安立之道〉、〈老莊道家論齊物兩行之道〉（收在《中國哲學論集》增訂版），皆對治現代人生的困惑，與兩岸中國的僵局，而給出從解構走向重構的化解之道。老學講論三十年，至此總算有了道貫古今的整體論述了。

目次

序　論　談儒道兩家的「道」

——從儒道兩家的「心」，談生命價值的開發

本文是筆者在耕莘寫作班、東海、輔仁與師大的演講詞，由師大國文系的同學錄音整理，再經由筆者潤飾補正。筆者研究中國哲學有年，寫下的論文不免背負了學術論文的包袱，不大能放得開，故可讀性不高。這篇演講詞的整理，自然較為平易，故以此文發表，並作為筆者《老子的哲學》一書的序文。或許通過本文的疏導，使讀者較能走進拙著《老子的哲學》的思想領域裡，對中國哲學的精神也較能有親切的體會，與恰當的知解。

人會向自己發問：人為什麼活著？我要往何處去？這個問題的提出，本身就顯現了生命莊嚴的意義。人之成為萬物之靈，就從這裡開始。我們要問生命的價值何在？人生的方向又如何貞定？實則，意義得自己去尋求，自己去賦予。你參與人間，承擔使命，生命的存在就會湧現莊嚴而真實的意義。生命的意義，是我們賦予它，而不是它給我們。所以人生在世，

不能等待意義自己到來。今天我試圖從儒道兩家的思想，來談談生命價值如何開發的問題。

一、形而上與形而下

首先，我們從《易經‧繫辭上》「形而上者謂之道，形而下者謂之器」的這句話，開始反省生命進路的問題。孔穎達解為：自形外而上者謂之道，自形內而下者謂之器；宋代大儒張橫渠亦以形而上是無形體，形而下是有形體解這句話。朱夫子便不大贊同，他雖認為理氣是二元，卻仍主理與氣不可離，故反對以有形、無形區分道與器；而戴東原則解「形而上」是形以前，「形而下」是形以後，是以成形與否來區分。因此，《易傳》此言在歷代思想家的注疏中，皆各就己學加以二分。大略說來，形而上是在有形世界之上，叫道；形而下是有形世界，叫器，是兩層劃分的，一是感官所對的萬有世界，這就是形器，另外有一個超乎官覺的無形存在，是讓這一切有形世界所以存在的原理，我想即是指「天道」。一、兩千年來中國學者一直採信這個觀點。當代日本學者即以「形而上者謂之道」來翻譯西方的 meta-physics，就是所謂的形上學。在西方，physics 是物理學，meta 是「後」的意思，也就是在物理學後面的。「後」本是時間的先後，亞里士多德遺著編排出版時，他的學生將探討宇宙形成之原理的那一部分，放在物理學後面。這種探討宇宙之根本原理的學問，就是所謂的實現原理或第一哲學。因為排在物理學之後，就以「後物理學」得名。「後」本是時間先後的意義，就那麼巧，它所探討的正是問物理現象與自然宇宙的上面或背後，它的原理是什麼。形就是自然宇宙，也就是 physics，形之上的原理，是 meta-physics。因此日本學者以「形而上」來翻譯 meta-physics，可說是天衣無縫，神來之筆了。問題是以西方形上學的標準，來看中國哲學，便不很恰當。我想，中國哲學和西方哲學，在特質上應該不一樣，我說「應該」是有根據的。因為《易傳》是儒家後起的經典，所以「形而上者謂之道，形而下者謂之器」這句話的解釋，不能違背《論語》的義理系統。我以為，儒家最主要的義理，都集中在《論語》、《孟子》，《學》、《庸》、《易傳》是後起的。所以道和器的解釋，不能遠離《論語》本來的意義。由是引起我進一步的反省。另外，我也是師大國文系出身的，有我們訓詁文法方面的訓練，所以不能輕易跟著前賢說是形以上、形以下，或者說形以前、形以後。我們必得先問，什麼是「而」？「而」在這句話裡面是什麼樣的用法？假如按照歷代注解來說的話，形而上是當形之上來講，有形世界之上的那個原理就叫「道」，有了天道的終極存在才有萬有世界，也才有山河大地、鳥獸蟲魚。問題出在第二句話，什麼叫「形之下」？形就是有形世界，哪裡還有形之下？在有形世界之外，怎麼可能另有在有形世界之下的存在？難道「天上」「人間」之外，還有個「地下」？此不可解。另外一個可能的解釋，把「而」當作「以及其」來解，形以及其上者就稱之為道，形以及其下者就稱之為器，這樣原來的問題還是存在，「形以及其下」仍然不可解，另外更增加一個難題，「形」到底應安放何處？若說「形以及其上」、「形以及其下」，則「形」已足跨兩界，既是道又是器了。所以我認為「道」「器」不該作如是解。道應該是「人能弘道」的「道」，是人走的路，人所開出的路，通過人的心所開出的人文世界就叫道，本來就沒有西方哲學在自然現象之上，作為萬有世界之實現原理的意義。因此，依我的反省，「而」應該可當「往」解，是代表一種動向，生命的動向。我們說生命價值的開發，它的可能就在此，中國哲學的特質也在此。

「形」不是指外在的自然世界，而是指我們的形軀。每一個生命來到人間都有形軀，就是形的存在。我們要問：人要往何處去，生命的歸屬何在？人生的方向，先不問東西南北，而當問個上下。人生的方向，是東西是南北，係起於外在偶然的因素，人的生長歷程，一生的種種遭遇，在在都受著來自社會各種條件的決定，這方面是沒有必然性，也沒有什麼道理可講的。但有一點，我們總是追求一條往上的路，這才有意義呵！所以我們先不要說生命的方向在東西南北的哪一方，而應該先問個上下。《易傳》說「形而上」、「形而下」，就是說人的生命都有一個「形」，這是很公平的，問題在這個「形」，我們是應該自覺的往上提昇呢？還是順任的往下去凝聚？因此，我認為所謂的形而上或形而下，是代表生命的動向。

第二個問題，我們要問「形」的內涵是什麼？依我的理解，「形」包括三方面：首先，是指人的形軀最原始的生理、官能、欲求，生之理、官之能、欲之求是形軀生命最基本的存在。其次，是指人的性向才情，有的人在某方面反應特別靈活敏銳，有獨特的才華，所以有王貞治、林海峰，也有紀政、楊傳廣。第三，是指人生命熱血的表現，慷慨悲歌、從容就義，勇於面對與承擔人間使命的生命熱血。上述三者是與生俱來的，這就是所謂的「形」。那麼我們該將它們往上昇越呢？還是僅僅往下凝聚？往上昇越的路就是「道」的路，往下凝聚的路是「器」的路，故一成道，一成器。

二、人生上下兩路——成道與成器

有關「道」與「器」的解釋，我們當然要落到《論語》與《老子》的義理系統去尋求。依照上述，以我們的生理官能、性向才情，與生命熱血，去承擔人間的使命叫「道」。因此道是人走的路，是人間的大道，這就是成道的路。另外我們僅僅把我們的生理官能、性向才情，與生命熱血去凝聚下來，成就自己，我們可能是一個學者專家，也可能破紀錄，在人間表現生命的精彩，但它可能只是「器」而已。因為成器僅成就自己，不一定能承擔人間，為人類而活，所以生命有兩條路——上與下。

當然，器並非不好，如俗語所說「恨鐵不成鋼，恨兒不成器」，成器很好，成器是成就一個人的專技特長，我們在社會上扮演各種角色，當然希望成器，做個有用的人。但孔子說「君子不器」，老子說「大器晚成」。我們先說「大器晚成」，「大器晚成」現在成為許多青年朋友自我解嘲的哲理教言，往好的方面說是自我期許——且看「他」日之域中，竟是誰家之天下。但老子本義，大器係指道的作用，是說道最後才完成它自己，即天下萬物都能成就，我才成就，這叫「大器晚成」，而不是說真正的大器到了晚年才能造就有成。故道是萬物都成就了才成就它自己，道就在萬物中成就它自己，這是老子所謂的「善貸且成」。老子又說：「道常無名樸。」樸就是好的，是生命的本真，是真也是美，當「樸」散落而去追求某一專門成就，這已是雕琢斲喪，即老子所說的「樸散則為器」了。孔夫子說「君子不器」，故樊須請學農，孔夫子慨歎的說：「小人哉，樊須也！」因為孔子正是教學生去承擔天下的使命，你是我孔夫子的學生，怎麼只想去做個農學專家？所以他乾脆說：「我不如老農。」一個知識分子的路，在道而不在器，不是君子不想成器，而是君子不僅僅是器而已，他的生命熱血，他的性向才情，不只是發展成就自己，而且要承擔這個世界，這叫「君子不器」。所以「器」並非不好，但知識分子的胸懷抱負應該是不同的。

我們說「形而上」、「形而下」，人的「形」可以往上提昇飛越，也可以往下落實凝聚。後者並非不好，但往上提是大家往上提，而不只是我往上提。問題是生命往上提如何成為可能？人都難免有情緒陷於低潮，而失落自我的時候，我怎能保證自己一定形而上而不形而下。形而下的心，是墨子、荀子、韓非的心，是如何在人間成就一專家學問，去開出禮制、法制的客觀體制，此涉及知識性、技術性的東西，並不決定生命方向應該向上的問題，即今所謂的專門知識。當前所有的大學科系均志在成器，都是屬外王的學問。我們希望在人間承擔什麼，從事某一行業，在某一工作崗位，有某一方面的成就，即所謂「器」的工夫。今天大學教育顯然忽略了所謂的「道」，大概文史哲科系由於講文化傳統，還可以維繫「道」的理想於不墜。那麼成道的可能根據，到底何在呢？就在中國人的「心」。故「形而上」的背後，實隱藏了一顆中國人的心，它是儒家孔孟、道家老莊的心，而不是墨子、荀子、韓非的心，後者成就的正是所謂的「器」，真正能開出「道」的，是儒家的孔孟、道家的老莊，我們就從儒道兩家的「心」，來談生命價值的開發。

三、儒家的人文之路——志於道，據於德，依於仁，游於藝

儒家的生命精神可透過《論語》「志於道，據於德，依於仁，游於藝」這四句話來說明，而道家的哲學旨趣，正是回應這四句話痛加反省與批判。

(一)志於道

孔子嘗言「吾十有五而志於學」，並說「志於道」。何謂道？道是人生的大路；何謂志？志即心之所往，在先秦士本貴族之一——武士，有其人文涵養，受教育正是貴族的專利。自孔子始，才有民間教育，貴族沒落，士因而流落民間。儒家六藝：禮樂射御書數，禮樂書數是屬於人文的涵養，射御則屬於武事的訓練。戰國四公子養士，士為貴族的家宰，附屬於貴族豪門之家。士到了孔夫子時代已脫離貴族的約束，而走入人間社會，成為「天下士」，非單為某一國君、卿大夫尋求治國平天下的道理了，而是要為整個時代承擔生命存在的問題，此即「志」——士之心，也就是知識分子的心。而知識分子的心，就當去承擔所謂的「道」，即人間的大道，而非小徑——小徑是奇技異能之士與專家學者所走的路，須靠特殊的性向才情、生命熱血，去表現生命的精彩，並非人人可為。人人都可以走的才叫大道，所以孔子說：「行不由徑。」故志於道是為人類打開出路，找出每個人都能走的平等之路，不必待特殊的財富、身分、地位與權勢就能走的路，市井小民、鄉野村夫都能走的路，這才是人生的大道，這叫「志於道」。

㈡據於德

再說「據於德」。怎樣的路才是人人都可走，而非僅少數專家學者、有天才有地位的人才可走的？儒家說道德實踐人格修養的「路」，做一個好人是人人都能成就的，而做一個好人，做一個有道德人格的人，是生命境域最莊嚴最有價值的，古往今來多少人——當真是「大江東去，浪淘盡，千古風流人物」，能流傳下來的有多少人，且真正能今古輝映，讓人永難忘懷感動的是什麼？是偉人的生命人格。故儒家為人類所開出的道路，是依據德行去開的，「十步之內，必有芳草」，每個人都可以做個好人，此即人生真正的大道。與身分、財富、地位無關，與階級、種族、膚色無關，這叫「據於德」。孔子就以「據於德」，來規定「志於道」。

㈢依於仁

1.呈現義——仁在心的不安處顯

我何以能「志於道，據於德」呢？每個人憑什麼都能成為君子做好人，成就他的德行人格？其根據何在？孔子告訴我們是「依於仁」，每個人都有仁心，我們之所以能通過德行的修養，開出人生的大道，是因為我們每個人都有仁心。問題在如何證明？《論語》：「宰予問三年之喪……」，孔門弟子宰我最富懷疑批判精神，問三年之喪的道理何在？他認為「期可已矣」，一年就夠了。並提出兩大理由：第一個理由是「君子三年不為禮，禮必壞，三年不為樂，樂必崩」。孔夫子志在重建禮樂——周文的禮樂。然周文的禮樂當時已開始崩頹，知識分子自當承擔起重建禮樂的責任，宰予就逼問老師，大家都守三年喪去了，那麼禮樂誰來承擔？第二個理由是「舊穀既沒，新穀既升，鑽燧改火，期可已矣」。前者是屬於社會功利的理由，此則為自然現象的理由，自然界剛好一年一個週期，穀子一年收成一次，四季用的木材也是一年輪換一次，所以服喪一年就夠了。這是很標準的論說文形式——結論回應前言，中間是兩大理由。孔子回答說：「食夫稻，衣夫錦，於女安乎？」不對應宰我之社會功利與自然現象的兩大理由去回答，而直指其本心安否。在父母過世的時候，你還食乎稻、衣乎錦，請問你，你的心會安嗎？道德的問題是內心感受的問題，而非社會功利的禮壞樂崩與自然現象週期變換的問題，是人自己要承擔，訴諸人最直接內在之道德感的問題，「你內心安不安呢？」三年之喪最大的根據就在心會不安，沒有想到宰我的回答竟是「安」。實則，說心安不安，一者不能以生命血氣硬頂上去說安，二者也不能事先預期說一定安或不安，而是要訴諸生命現境的真實感受，與當下認取的道德自覺。孔子聽宰我說安，也只能不高興的說道：「君子之居喪，食旨不甘，聞樂不樂，居處不安，故不為也，今女安則為之。」故儒家講道德學問，不能講強制力，係靠每一個人道德心的豁醒，聖人立教也只能做到此一地步，或人格的感化，或生命的指點，政治法律才有強制力，聖人人文教化僅能提點你的生命，讓你在這個隨俗浮沉的生涯中，當下有一深刻的反省，問自己對不對、安不安、該不該。「宰我出」，宰我聽了這段話，不曉得是生氣，還是不好意思，就離開了。子曰：「予之不仁也。」這不是說宰予沒有仁心，而是說他的回答並非出自仁心，而係意氣之言。「子生三年然後免於父母之懷。夫三年之喪，天下之通喪也；予也，有三年之愛於其父母乎？」當生命誕生人間，屬於人生最脆弱、最不能保護自己的階段，父母抱養我三年，那麼在父母過世，葬身墳場，屬於生命最孤獨、最寂寞的時候，我要不要回報陪伴他們三年歲月？此即心安不安的問題，亦即所謂「依於仁」。人會感到不安，會有最真切的感受，這就是人之所以為人，成就一切德行的可能，是內在的根源，不是來自外鑠的規範，是超越的根據，是不被外在的社會名利與物質條件所干擾打散，而超離在現實功利與物質引誘之上，去自作決定，此即所謂「依於仁」。仁是指人會感到不安，內在會感受良知對自我的呼喚，面對人生現境應該如何如何。仁就在心的不安處顯現，人為萬物之靈，即在人會自覺到人會不安，而不安是隨時呈現的，在這樣的情況下，道德才有必然性。在生命的方向，在人生的歷程中，我們總是會逼顯出價值的反省與道德的自覺，而隨時會感到不安，此時不安即成為一切向上的動力，故要求心之所安，此即求成就一切道德的根源動力。

2. 自覺義、主宰義與絕對義

孔子說：「我欲仁，斯仁至矣。」前頭說仁有呈現義，這兒說仁有自覺義，人都會有一分自覺，當我一反省到價值問題，我的心當下即可做自己的主人。孔子又說：「克己復禮為仁。」「復」是當「實踐」來說的，另外「復」亦可當「回到」來講，人自覺了才可以克己復禮，回到禮的軌道。所以仁會呈現，也會自覺，可做自己生命的主宰，決定生命的方向，有了仁，才能克己復禮，所以道德主體就在人的「仁心」，是以仁有主宰義。另外，孔子說：「仁者安仁。」仁能夠安於它自己，這一點很重要，儒家也講「知者利仁」，知只是可以成就仁，有利於仁的實現，知本身不能定住它自己，知識不一定有方向，知識為中性，可以成就器，但不能貞定生命的方向，所以不能稱之為道。就是自然科學也沒有為人類的幸福帶來什麼保證。仁者可安於他自己，故無須外求，能自安自足，安於他自己的覺醒，安於他自己的感發，不用向外尋求他存在的意義。我為什麼這樣做，仁本身可以成立，所以仁有絕對義。我們可以通過德行的實踐，開闢人生的大道，即在於我們有仁心——此仁心是隨時呈現的，在心感不安時呈現，只要人一念自覺，仁就會顯露出來，所以說「我欲仁，斯仁至矣」，且一念自覺之後即可「克己復禮為仁」，成為自己生命的主宰，仁就是最後的理由，可以自安自足，如此道德能定住它自己，若道德不能定住它自己，則道德變成有條件，諸如功利條件，與自然因素，都會變得很重大。是以道德要能成立，有其莊嚴意義，即道德是它自己存在的理由，所以做一個好人本身就是目的，而不能是成就其他目的的手段，這就是「仁者安仁」。

㈣游於藝

「游於藝」，六經六藝均可解為「藝」，就是所謂「外王的學問」，因其有道德心的自覺與承擔，且此道德心是自安自足的，故其投入人間世界，就不會覺得有壓力存在，或是勉強難為之感。道德事業不能是英雄事業，因為英雄事業是不能長久的。人走入人間世界去承擔什麼，不會有壓迫感，也不會自以為是犧牲，此即「游於藝」。道德事業是不能靠烈士撐開的，烈士也不是人人能當的，儒家為人間所開闢的大道，不但是人性的可能，也是日常生活的隨時可為，我們可安於道德生命的開展，而它本身既是莊嚴，又是悅樂。所以說「學而時習之，不亦說乎？有朋自遠方來，不亦樂乎？」這叫「游於藝」。人生的大道是靠每一個人在日常生活中自安自足的去顯現莊嚴的意義，不能靠別人幫我們撐著，也無須以使命感自我撐持，這樣的話人是會被自己壓垮的。

(五)人生的命限——斯人而有斯疾

在生命價值的開發中，儒家也反省到人生有限的問題。孔子曰：「命矣夫！斯人也而有斯疾也。」死生窮達是為一存在的命限，死生有命，命有偶然的意味，這樣的好人，卻身罹絕症，我們還有什麼話說，只是無語問蒼天而已！儒家提出死生窮達是命限的看法，使人對道德生命的價值尊嚴不致引生懷疑，或失去信念，「道之將行也歟？命也；道之將廢也歟？命也。」道之行於世，道之不行於世，有很多歷史條件與社會因緣，故有許多命限的味道，是不能強求的。人生就在這個限制裡面，試圖去打開可以安身立命的正路大道。我們有生理官能欲求，我們生在特殊的時空中，面對不可知的未來與非理性的社會，去尋求一條保障存在尊嚴、實現生命價值的可能之路，這是人的命限。孟子曰：「夭壽不貳，修身以俟之，所以立命也。」夭壽就是死生，人不應在這上面多所用心，因為這是「命也」，不如修養自己來面對人生的命限（此處俟若解為等待，則為劣義），在存在的有限性裡，表現出生命的無限性來。社會因緣與歷史條件都在限制我，但人要承受這個命，要在限制束縛中，來彰顯生命無限的意義。人終究會死，死本是我的限制，我卻可以反過來讓死變得很莊嚴、很有意義，所以不是「命」限制我，而是我立「命」的價值意義。試想這是何等令人感動震撼的事，所以孔子說：「朝聞道，夕死可矣」，人生命的感動興發，人生命的奮起飛揚，是屬於主體的真理，亦即儒家所開出的道，不僅成就自己，還擔負他人的存在苦難。精神的無限，與生命的莊嚴都在此表現出來。

四、道家的自然之路——天地不仁，聖人不仁

(一)形上兩路——人文之道與自然之道

從儒家所開的路，再反省道家所開的路。「志於道，據於德」，道與德是孔門《論語》特別提出的，而《老子》也以「道德經」為名，其重要理念皆通過《論語》而開出來。孔子學問是為周文禮樂深植人性之根，而老子是為儒家仁義禮開拓形上之源。所以我認為，老子是後起的，《道德經》不可能在《論語》的前面。老子的哲學，主要在反省「志於道，據於德，依於仁」這三句話，儒家士以天下為己任，任重而道遠，而《老子・上經》第一句話：「道可道，非常道；名可名，非常名。」即反省「志於道」；儒家一日三省吾身，學講而德修，而《老子・下經》第一句話：「上德不德，是以有德；下德不失德，是以無德。」批判「據於德」。我以為，人生的方向先不問東西南北，當分個上下，宋明儒說：「莫勘三教異同，先

辨人禽兩路。」在生命往上飛越的路，也可分而為二：一為儒家所開出的人文的路，由德性心開人生大道，通過歷史長流，即成文化傳統與人文業績；另一為自然的路。人文的路是儒家開的，以人文化成自然，在自然原有的素樸世界裡，通過詩禮教化，賦予人文的色彩與性格；而道家開了另外一條路，叫「自然」的路。自然的意義有二：一是相對人文而說的，人文在道家的了解是人為造作，人為造作產生了許多問題，會變成矯飾虛偽，禮為之僵化，反成人性的束縛；自然的第二個意義是相對「他然」說的，根據道家的觀察，人的生命是受外在條件決定的，「然」是如此，他然就是外在條件使他如此，等於外在決定論，沒有自己了。自然即指生命的本真，我存全自己真實的生命，而不被外在所牽引所決定的。道家講自然，是價值的意義。儒家看到周文禮樂流於形式，所以有「人而不仁，如禮何？人而不仁，如樂何？」的實質反省。孔子說：「文質彬彬，然後君子。」文勝質、質勝文都不好。道家的反省即發現周文流於形式而成虛文，故反對人文，是走回返自然的路。不似孔子「以質救文」，從仁來開出禮樂，使禮樂有其實質精神，道家則「以質抗文」，故開出回歸素樸的自然之路。

㈡可道與下德

首先我們看「道可道，非常道」，「可道」是通過人心去「可」的，是人心對道的解說與詮釋。依老子的反省，認為可以言說的道，已經過人的語言概念所規定，其真精神、真生命就在語言概念中被限制住了。故道若可道，已非本來的常道，而是人心所規定的道，亦即儒家之「志於道」。老子以為這道已在人心認「可」的活動中，被定住了。其次再看「上德不德，是以有德；下德不失德，是以無德」，上德之人是不對德加以制約的，是以無心自得，反而有德；下德者唯恐失去德，執守於某一德的標準，生命不得自在而轉成有限。老子認為儒家的道與德，是人心所開出所規範的道與德，故在人心的執取下，道變成可道，而不是常道，德變成下德，不再是上德。儒家的道德，是通過仁的發心，發而為義，轉而為禮，仁是根源，義是判斷，禮是通路。此把人的無限可能性限制了。依老子的反省，儒家的道與德是通過「仁」開出來的，此即「依於仁」，道德的根源在仁，所以他先要破這個「仁」。

(三)天地不仁，聖人不仁

老子云：「天地不仁，以萬物為芻狗；聖人不仁，以百姓為芻狗。」你看，這是不是在破儒家的「仁」？要破儒家的道與德，當然先得破儒家的仁。但不仁不是否定仁，不仁是無心，「不」是超越的意思，不是反對的意思，就老子的話說，不仁就是無心。儒家說天地的作用就是仁，所以天地才能生生不息的創生萬物，聖人的道德人格教化人間，當然也是仁的發顯，才能開出人間的大道。老子卻說「天地不仁」、「聖人不仁」，根據我的了解，老子是看到儒家「志於道，據於德」的士之有心，有心的要為人間承擔開路，他要問的是：是否在我有心的承擔開路中，會使他人受到限制？是否我們的道德感、使命感，會讓某些人產生壓迫感，會讓人受不了？我想道家並不是反對儒家，而是反省到儒家道德感太重、使命感太強時，對他人的生命存在會產生壓力，所以他認為天地沒有自己，才能實現萬物，聖人沒有自己，才能實現老百姓。沒有自己就是無心，我們有心去擔負他人，為他人開路，結果對方就在我們擔負、開路的時候受到限制。老子這方面的反省很有意義，他想到假定我不去為他開路，不去擔負他的存在，才是真正為他開路，真正擔負他的存在。我不為他人承擔什麼，也不為他人開路，這就是不仁，也就是無心。儒家有心，所以有為；道家無心，所以無為。無為就可以開出無不為，我無為，不再去決定人家，我無為，放下了對他人的擔負。我無為，我自由了，而別人也不受干擾了。我們為什麼老是要背起十字架，這對我是一種負累，而對他人來說，我把他背在身上，你看看，他感受如何？我自身負荷不了，他也承受不了。他會說我好委屈噢，我不能自己站在大地上，我被你背著，那我算什麼，我什麼時候才能走自己的路？依道家的觀照：當我放下的時候，當下我就得到自由得到解脫，而他人也不再受委屈而顯得自在，當然也有他自己了。

(四)無為而無不為的實現原理

道家就從「無為」講「無」，從「無不為」講「有」。「無為」是工夫，「無」是境界，通過「無為」的工夫，開顯「無」的境界，再由「無為」的「無」，去朗現「無不為」的「有」。「無不為」的「有」，就是天地自成天地，萬物自成萬物，人自成為人，每一物每一人都能自在自得，這就是「有」。「天下萬物生於有，有生於無」，是說天下萬物之所以能存在，有它自己，表現它真實的生命，是由於「無為」的「無」，才能實現「無不為」的「有」。我放下了，你就能自己站在大地上，我讓開一步，你就能走自己的路。所以道家以為真正的實現原理，不是由人的仁心德性去投入去擔負，而是由人的虛靜心去放下去讓開，當我放下來的時候，當我讓開的時候，我自己自由了，別人也不受委屈了，他可以實現他自己，我也可以實現我自己。這樣的話，每個人都有真實生命，這才是「道」。實現原理就是「道」，就是由無為的「無」，去實現無不為的「有」。

道家對治儒學所講的「天地不仁」、「聖人不仁」，不仁就是超離放下，就是無心，就是讓開。我們可以如斯說：老師沒有自己，就可以成就學生，而帶動學生的成長。道家是針對儒家有心有為的道德承擔與人文社會所可能產生的流弊，諸如人為造作的災難，意識形態的災難，助長強求的災難，愛之適足以害之的災難，有一痛切的反省。

多少人以聖人自居，卻傷害他人而不自知，真正的聖人是沒有自己的。所以說：「聖人無常心，以百姓心為心。」這是無心無為最好的解釋。聖人沒有自己的心，天下老百姓的心，就是他的心，這才是真正偉大的政治家。依我的看法：在政見發表會時，不要老說我認為如何，實則不是你認為如何，而是他們怎麼想。有位美國國會議員在記者訪問他的時候，說：「我認為怎麼樣並不重要，我的選民認為怎麼樣那才重要！」這才是真正的國會議員。若政見發表會老是談自己，他可能沒有想到，自己所代表的或即將代表的是哪些人，「聖人無常心，以百姓心為心」，就有這一方面的反省與智慧，所以當代講民主，道家是最好的民主風度。我讓開一步，讓他走自己的路，這不是真正的民主嗎？我把你放下來，讓你對自己作自由的選擇，這不是民主嗎？我們大可以從這方面來欣賞道家。

我們總是想，我們要成就什麼，要承擔什麼，但很可能，在我們想去成就、承擔的時候，剛好限制了自己，也束縛了別人。這一方面的道理最好從母愛來體會，我認為老子對母愛的「慈」有深刻的體會。在我自己的生命體驗中，我反省自己今天能走自己想走的路，沒有去考醫科、擠工商，能成就我自己的這一條路，是媽媽成就我的。再問媽媽如何成就我？媽媽是以不決定我的方式決定我，媽媽放開我，讓我決定我自己。媽媽決定我，是以不決定我來決定我，道家的精神就在這個地方。媽媽沒有自己，每個兒女才有他自己的路，才有他自己的生命成長。假如天地有自己，哪裡還有萬物？假定聖人有自己，哪裡還有百姓？假如媽媽有自己，哪裡還有子女？更淺近的說，假如媽媽有自己的話，那麼最好的菜還沒有上桌，早在廚房就不見了。

這就是實現原理，道家並不是憑空玄想一套實現原理。探究山河大地從什麼地方來，就設想一個第一原理，通過理性思辨，給與合理的解釋，這是在生命之外的觀解。而道家所講的是來自於人生深刻的體驗，真正的實現原理在無心無為，通過「無為」開顯「無不為」，也就是「無」才能朗現「有」。所以道家不是無中生有，這個「無」是通過修養工夫的無心無為，放下讓開，消解他人的委屈束縛，讓每一個人自在自得，從這邊來講實現原理。「以百姓為芻狗」、「以萬物為芻狗」的「芻狗」不是拋棄的意思，而是放開的意思。天地無心，放開萬物，萬物才能成就它自己；聖人無心，放開百姓，百姓才能走他自己的路。

(五) 心知的執取與情識的困結

《道德經》反省人生的困頓與政治的紛擾，主要來自人的有心有知。老子云：「天下皆知美之為美，斯惡已。皆知善之為善，斯不善已。」此中關鍵就在「知」上，「天下皆知美之為美」，當我們的心知執取什麼是「美」的時候，相對的，我們就把其他不合乎這個標準的，貶為不美，美的另一邊就是醜。本來人間真實的生命，就他自己來說，無有不美，《莊子・內篇》的人物多有醜陋殘缺的形相，但在莊子的筆下，也顯得「才全而德不形」的生命美好。問題在當天下皆知美之為美的時候，已然把標準定住，並對其他不合乎這個標準的，一概判為不美。你看，這對人的生命來說，是多大的一種束縛和傷害。

「皆知善之為善，斯不善已！」這並不是說，當天下人皆知什麼是善時，善就會變成不善。這不是從善的本質上說，而是從人的主觀標準說。當我們說什麼是善的時候，就是用一些條件，用一些內涵來規定它的外延，凡不合於這一界定的就是不善。所以老子認為天下人知什麼是善，什麼是美的同時，善與美已被定住，而變成有限。因為人的心知一執取，說個善，相對的不善就出現，說個美，相對的醜就出現，一有善，就有不善；一有美，就有不美。人本來是置身在一個素樸自在的世界裡面，人就是他自己，每一個人都有自己的路。但是當我們心知開始執取的時候，我們把這個世界劃成兩半，自己跌入了這個相對的世界不說，也把他人推入這個相對的世界中。我們有沒有想到，被我們判為不善不美的人，就他本身的真實來說，是善也是美。所以老子才會說：「不善者吾亦善之。」這不是說老子沒有是非，而是要取消心知的妄執自是，無心而皆善。由心知的執取，而有價值的定位，每一個人都去追尋這一個美，競逐這一個善，而不要他自己，委屈他自己。遂再由價值的定位，轉生行為的趨避，人人奔競這個善，人人追逐這個美，而避開那個不善不美。人的路開始被決定，在心知的執取之下，每一個人都追尋同樣的目標，而金牌僅有一面，金像獎也僅有一座，很多人產生挫折感。由行為的趨避，而有情識的纏結。壓抑啦、失落啦，還有焦慮、恐慌，一切人生的悲苦困惑，都從這邊開始引生。以是之故，道家要講無心，無心就是無主觀的標準，無心知的執取。我們把一個本來素樸，自在的世界劃分成兩半，自己跌入在這個相對的世界裡面，規劃成一個小框框的格局，好像是鴿籠一般，又把他人關進裡面。結果，才呼喊：「我受壓抑啦，這個世界好小呵！」世界好小是因為你的心知所搭建的世界，被弄成一個又一個的小格局，把自己放到裡面去，被束縛住，然後在那裡喊：「世界好小。」依道家的想法，我無心無為，把這個格局拆掉，這世界不是又成了海闊天空的世界，空曠無垠，我不就可以逍遙自在了！所以老子以「無心」為善，就叫「德善」，德善無心，才能人人自得其善。

在政治方面，他也有相同的反省，老子云：「不尚賢，使民不爭；不貴難得之貨，使民不為盜；不見可欲，使民心不亂。」老子並不反對賢，也不反對難得之貨，賢是一個自然，難得之貨也是一個自然，它本來就是黃金，它本來就是鑽石，你不能說：「咦！這黃金鑽石太人為造作了！」它沒有，它本身並沒有妄自尊貴，抬高自己的身價。問題就出在君王有為的崇尚尊貴上。君王崇尚這個、尊貴那個，崇尚這個賢，尊貴那個難得之貨，這一來，大家聞風景從，去追逐這個，尋求那個，所以民就爭，就為盜，盜這個難得之貨，爭那個賢。為了爭那個賢，假仁假義出現了，假如君王喜歡仁義，他就偽裝仁義，仁義被假造被污染了。所以唐君毅先生說：當代的世界，最好的東西，都被講成最壞！你說仁義，他也說仁義；你說解放，他也說解放。到底哪一邊是真仁義真解放了？所以君王的崇尚，君王的尊貴，這一尊貴崇尚，對天下人民產生誤導，君王禮敬這個，賞識那個，卒使每一個人都去競逐君王所想要的善，於是權謀險詐的鬥爭出現了。道家反省這個問題，根本就出在君王的尚與貴。尚與貴是有心有為，君王有心有為，天下就爭就盜，老子就在這一意義下，說絕聖棄智，絕仁棄義，絕棄的是予智自雄與假仁假義。歸結的說，就是不見可欲。「可欲」是在人民心中拋給他們可能有的預期願望，我將來可以擁有什麼，幾年以後我可能成就什麼。這一來，民心大亂矣！所以說君王要不見可欲，就可使民心不亂。天下父母心，有時跟小朋友講條件：你考了第一名，就可以擁有一部迷你腳踏車。講這種話最不良，讓他有個預期，他心裡想，什麼時候才有想望的腳踏車，假如考不到一百分，豈非心願成空？這會產生很大的壓力。我家小朋友，幼稚園大班，一個學生從美國帶回來幾副撲克牌，花樣很美，給我送了過來。我就收藏著，當作擺飾品。他每天看了看，就問：「爸爸，我什麼時候可以玩這些撲克牌？」我不在意的說：小學四年級。此後，日子就不平靜了，他有時問我二年級行不行，一年級行不行，甚至說：我生日那天行不行。這就是「可欲」，使他的心大亂。不見可欲，就是不要把一個預期擺在他心裡面，民心才不會大亂！這個「可欲」，跟孟子講的「可欲之謂善」不一樣，孟子的可欲是良心下個可不可、該不該的判斷；而道家的可欲是從心裡冒出來的一種想望期求來講可欲。所以孟子的可欲是善，而老子的可欲，則不免大亂民心了。

㈥聖人不傷人

此外，再舉《老子》一段很有代表性且發人深省的話：「以道莅天下，其鬼不神；非其鬼不神，其神不傷人；非其神不傷人，聖人亦不傷人。」假定我們以清靜無為來治理天下的時候，天下的牛鬼蛇神就不會發揮它的威力，這叫「以道莅天下，其鬼不神」。聖人清靜無為，老百姓就會自在自得，他不會有缺憾感，不會有挫折感，沒有缺憾、沒有挫折的話，他就不會受制於某些超人的神異鬼怪之說，老百姓的生命常足無缺，天下的牛鬼蛇神就會退位，不會以怪力亂神的姿態出現。

「非其鬼不神，其神不傷人」，再深一層講，並不是說天下的牛鬼蛇神沒有威力，而是說就算天下的牛鬼蛇神都有它的威力的話，也不能傷害到人。因為人心無缺無憾，內在自在自得，就是牛鬼蛇神有它的威力，也不能侵擾人。只有在生命最悲苦無依的時候，魔鬼才會進駐我們的心，來傷害我們。

「非其神不傷人，聖人亦不傷人」，更根本的說，並不是牛鬼蛇神不能傷害人，追根究柢是聖人不傷害人。老子的意思是：我們所以會受到牛鬼蛇神的侵入，是因為聖人先傷害了我們。聖人不以道莅天下，讓你覺得人間多所殘缺，生命多所遺憾，所以你才會有求於外，那個時候，牛鬼蛇神就會傷害你。當前某些特殊的教派，在這個社會上發生了非理性的影響力，是很值得我們深思的。我個人覺得，人只有自己救自己，假定自己不能好好修養自己、充實自己的話，上帝是救不了我們的，更不要說那些荒謬怪異的說法。就從上帝的信仰來說好了，諸位想想看，假定在我孤苦無助的時候，才去跟上帝會面對話，那上帝僅成為慈善家而已；在我想要報復的時候，才去祈禱上帝賜給我力量，那上帝豈不是成了仇恨家了！只有在自身的道德修養與人格境界上能無限開展，那時上帝才是無限的，天道才是無限的。

(七)人生的定限——愛親之命與事君之義

我們再由《莊子》來看看道家對生命有限性的反省。老子說生命的有限，是來自人的有心有為。人有心有為，這個世界就變成有限的世界。「志於道，據於德」的道德，都是人心規格出來的。我們困在這一個畫地自限的世界中找出路，當然人人不自由，物物不自在。莊子說：「子之愛親，命也，不可解於心；臣之事君，義也，無適而非君，無所逃於天地之間。知其不可奈何，而安之若命。」莊子對生命的體驗，親切有如《論語》，我個人讀《論語》和《莊子》都有一分相應的親切感，我認為莊子在〈人間世〉、〈德充符〉兩篇對人生體會的深刻，可以說比孟荀更親切細微，孟荀畢竟在理論上多所建立發揮，在生命的體驗上不如莊子的深刻且富有啟發性。

「子之愛親，命也。」儒家決不會這樣講。子之愛親，所以是命，是因為「不可解於心」，父子之親是解開不了的心結，就是登報聲明脫離關係也沒有用，父子之間的親情，是本質意義的內在關聯，而不是發生意義的。發生意義的是外在關聯，你可以說，我要，我不要，夫妻關係就是如此，本質意義就不能，所以父子關係不可解。莊子說愛親是命，看起來他好像把子的愛親，當作是一擔負、一限定，這個說法似乎不太好，實則，他想說的意思是，這是生命存在的真實，是解不開的，我們試圖解開的是對死生與是非的執迷與困惑，子女愛雙親，對儒家說來，是仁心的自然流露，也是一切道德的始基，然對道家說來，就因為是不可解於心，心不得虛靜自由，當然是命，但是莊子並沒有逃開的意思。道家講放開一切，但我們要問：放開一切，能不能放開自己的父子家人？道家講無心自在，好像把人文道德全盤否定掉了。這樣精神解放了，生命也自由了，但是我們的父子家人，我們的家國天下呢？所以，莊子儘管講精神的自由、生命的自得，子之愛親，仍是不可解的命，我就在愛親裡自在，就在家國天下的擔負中自得。不可解於心，不可誤解為莊子受不了，他急於跳開逃離。

我們再看「臣之事君，義也」。臣之事君是義，義是人所當為，是作為一個人的責任，人活在世上，是一個事實，人既來到這個世界，一定就有生身的父母，這一親情的鎖鏈是與生俱來的，所以是不可解的。另外，人來到這個世界，也要有個落足棲身的地方。不管你落足何處，棲身哪一個國度，總要面對政治，面對法律。人生的限定，就在人必得投身在某一政治社會的時空背景中，這叫「無所逃於天地之間」，你能夠逃到什麼地方去，逃到夏威夷，逃到美國新大陸，「無適而非君」，只是所面對的是卡特而已！在美國的土地上，中國人有什麼地位呢？美國再好，心裡會貼切自在嗎？逃往國外，是生命的自我放逐，天涯羈旅，卻仍然逃不開，所以說無所逃於天地之間。你不管逃到什麼地方去，天涯海角都會面對政治法律，所以是無所逃的，人已在天地間，作為一個人總要面對這一事實。

莊子不說立命，僅說：「知其不可奈何，而安之若命。」這是無所逃的，無可奈何的，無所逃也就是不可解，所以義也是命，只好安之若命。儒家不以愛親事君為命，而直以為是發自仁義的應然表現，道家卻以愛親事君為無可奈何的存在限制，安之若命，就是接受這個限制吧！儒家的安，是求吾心之所安；道家的安，是就無心超離而說安。生命的無限，就在存在限制中去突破去開展，我還是要愛親、愛天下國家，就在愛親、愛天下國家中講無限性，講自在逍遙。所以愛君事親，對莊子來說，是無擔負的擔負，無煩惱的煩惱。儒家說就是大道不行，就是斯人而有斯疾，你還是要做好人盡孝道。依我的觀點看，儒家是從德性心的自覺挺立，去投入去擔負，走的是以道德實踐去開發生命價值的無限；道家以為價值的實現之道，不是去投入去擔負，而是去超離去放開。超離放開也可以開發價值，讓開了，放下了，實現我，也實現他人的真實生命，沒有人有負累，也沒有人受委屈，這就是道家所講的「無為而無不為」的實現原理。

五、生命的成長之「大」與飛越之「化」

儒家由孔而孟，道家由老而莊。孟子把孔子的天道理想，落在人的主體生命中展現，所以說盡心知性以知天。莊子也把老子超越的天道，內在於人的生命主體去體現，所以說有真人而後有真知。《孟子》書中說大丈夫、說大人，說聖、說神，皆就生命價值的開發說，《莊子》書中說天人、至人、神人，說聖人、真人，也就生命價值的體現說。是兩家思想，就生命價值的開展體現而說，到了孟莊已臻高峰。所以最後就引《孟子》與《莊子》的體證作為說明。

孟子說：「可欲之謂善，有諸己之謂信，充實之謂美，充實而有光輝之謂大，大而化之之謂聖，聖而不可知之謂神。」我們看看孟子的成德歷程，這段話正是生命成長飛越的歷程。

「可欲之謂善」，人都有生理官能欲求之「欲」，這就是我所謂的「形」。就人的形軀說，本無所謂善，無所謂惡。到底是什麼讓人的自然生命，開始走向生命有上下的里程？人生在世，順著形軀自然的路，則不論東西南北，無處不可漂流。假定生命沒有方向，可以不問東西南北，則美國可以，巴西也可以，賭場可以，舞廳也可以。欲之可以是善，問題就在「可」字，「可」是良知判斷的可不可，自然形軀通過良知做主的情況下，才能成就善。人之所以為人，就在人會走向人的道、人的路，不然的話，人僅有欲求的路、自然的路。此「可欲之謂善」與老子所講的「不見可欲」不一樣，老子的「可欲」是心知的執取，孟子的「可欲」是本心的價值判斷。

「有諸己之謂信」，有諸己，「諸」是「之乎」，當作「之於」說，有之於己的「之」，是指可欲所成就的善，這個善要能有之於己，也就是通過自己的實踐而體現，那才是信，所以信是向自己的生命負責。一般以為人言為信，孔子卻加了一個前提：「信近於義，言可復也。」在言合於義的條件下，所謂的諾言才能付之行動。儒家這個觀點值得深思，如「己欲立而立人，己欲達而達人」，我認為不僅是當作我自己能立，也要立別人講；還要當作我要自己去立，讓別人也能自己去立講，這就是「己立而立人」，「己達而達人」也是這個意思。我們不代別人立，也沒有人能代別人立。儒家只是擔負人文教化，引發人們在仁的呈現中自覺自立，去自作主宰、自我挺立，去自安自足，這就是「有諸己之謂信」。

「充實之謂美」，充實這個善就叫美，儒家以善來規定美，道德生命的充實顯發就是美。充實而有光輝就是成就人格的大。我認為從「欲」來說，人本來是很渺小很脆弱的，不過是生理官能欲求的存在。甚至從生理官能的「欲」來說，人還不如動物，六福村野生動物園的那個世界，人要住進去，也是不太容易的。所以從「欲」來說，人儘管是小，通過良知的自作主宰，卻可以成其大，「充實而有光輝之謂大」，這是生命人格修養的大，這是生命價值開發的大。一個小朋友，從上幼稚園開始，小班、中班、大班，再進入小學、國中，再登上高中、大學，諸位想想看，這代表一種不斷往上爬的成長歷程。這個成長，開發了生命存在的價值，也樹立了生命存在的尊嚴，這就是既充實又有光輝的「大」。

「大而化之之謂聖」，道家說儒家的聖人，有心有為，不免傷害人，是不一定能成立的。《論語》講「望之儼然」，也說「即之也溫」，聖人成就了「大」的人格，還要把那個「大」的形象化掉，這就是「大而化之之謂聖」。一般就生命的修養說超凡入聖，實則，就生命的圓滿說，應是超聖入凡。是孔子由「五十而知天命」，再回到「六十而耳順」，這才是真正的聖人，聖人就在我們的生命周遭，不會讓人對他有高遠難及之感。我們看耶穌、孔夫子、釋迦牟尼等聖者，哪一個會給人壓迫感，使人有壓迫感的就不是聖人。「大而化之」，是成就生命人格的「大」，再通過修養，把這個「大」的形相也化掉，使自己平易近人，這才是聖人。這如同禪宗三關，由見山是山，進為見山不是山，再回歸見山只是山。見山是山的第一關是小，見山不是山的第二關是大，見山只是山的第三關則是化。這樣的聖人才能接引世人，教化人間。不是光塑造一個超絕的形相，讓每一個人向他俯伏禮拜，認為自己是微不足道的，是卑弱堪憐。我這樣說不是指責任何教義，而是說儒家有這樣的修養，道家也有這樣的反省。

「聖而不可知之謂神」，成就聖人的人格，是一無限的飛越歷程，你說聖是最高境界，那麼聖人已被定住，所以道家認為儒家把聖人定在一個地方，就不再有無限的開展，所以要說絕聖棄智。實則儒家開出「聖而不可知」的領域，是一無止境的成長飛越。從儒家來說，「可欲」的可，是就德性良知說，「欲」是就自然形軀說，可欲就是良知作為形軀的主宰，去成就「大」、「聖」、「神」的境界。聖、神是指人格的偉大，生命的無限性。從生命的無限性來講「神」，從人格的極致來講「聖」。聖要內聖外王，不是我自己偉大，而是擔負每一個人的存在，讓他也一樣偉大，儒家講內聖外王，由內聖外王成就形而上的「道」，不僅是成就自己、成就形而下的「器」而已。對儒家來說，每一個人都內聖了，才算是外王的完成。

再看《莊子・逍遙遊》大鵬怒飛的寓言，莊子說：「北冥有魚，其名為鯤。」北冥是北海，北海是生命的孕育之場，這裡頭有一條魚，其名就叫鯤，「鯤」是什麼？鯤是魚子，「鯤之大，不知其幾千里也。」魚子是小，莊子卻把這個魚子說成不知其幾千里的大。莊子的謬悠之說、荒唐之言、無端崖之詞，果真一開始就粉墨登場了，把最小講成最大，這不是注解家所說的「便是滑稽的開端」。寓言是說一個故事，故事中的主角是魚，是鵬，但所指的是人的生命人格。魚子變成不知其幾千里的大，這是由小到大。正如孟子從「可欲之謂善」，到「充實而有光輝之謂大」，也正是指出生命是由「欲的小」到「有光輝的大」的成長歷程。

「化而為鳥，其名為鵬，鵬之背不知其幾千里也。」由「鯤」化而為「鳥」，這個化是代表生命境界的往上飛越。人老在大地上東西南北的奔走，說是行萬里路，讀萬卷書，問題是永遠在原地繞圈圈，儘管不遠千里，長途跋涉，卻沒有想到要走自己的路，往上去的路。人不能光走人間量化的路、破紀錄的路，同樣的路，走了千百圈有什麼意義。假定這是一段沒有價值意義的路，你就是走了百十萬里又怎麼樣。是以人生的莊嚴就在分個上下。「化成為鵬」，是在生命的成長之外，還講到生命層次的提昇。由鯤的大成為鵬的大，此已由大地起飛，從平面的生命，翻轉成立體的生命。「怒而飛，其翼若垂天之雲」，大鵬奮起而飛，兩翼伸展拍合之間，有如雲垂天旁的威勢。「是鳥也」，像這樣的一隻大鵬鳥呵！「海運則將徙於南冥」，當海上長風吹起的時候，牠就要飛往南冥。海上長風是自然，道家的生命是在自然中展現，人的主體生命要由小而大、由大而化的成長飛越，再與整個自然結合，去成就生命的最高理境。儒家不是，儒家的主體生命也要由小而大，由大而化的壯大飛揚，然不藏身在自然世界中，而要投身在人文世界中，在歷史文化的傳統中，去開展生命存在的價值。

由小而大，由大而化，儒家講，道家也講，這不是巧合。因為兩家都講道，都在探討生命的進路與理境。儒家是在由小而大、由大而化的歷程中，以人文化成自然，去成就生命的理想。道家是要從人文回歸自然，生命就在自然中，去開顯真空妙有的理境。趁著海上長風吹起的時候，大鵬就振翅高飛，飛往南冥。由北海北冥，飛往南海南冥，莊子說南冥者，天池也，天池就是終極理想境。在這兒我要告訴諸位：北海南海，是一段寓言。事實上，北海就是南海，我們不要以為道家理想境，是在這個世界之外的世外桃源，桃花源就在人間世。道家的山水田園，就在我們的心中開，就在「子之愛親」、「臣之事君」裡講逍遙，講自在，這是無所逃也不可解。所以禪宗說：「煩惱即菩提」，菩提何在？菩提就在煩惱中開，就好像問理想的婚姻何在？理想的婚姻就在柴米油鹽中顯。不通過柴米油鹽，就沒有理想的婚姻可說；不通過煩惱，也沒有菩提好講。

六、結論——儒道兩家的宗教精神

且讓我們綜括一下全篇，中國哲學獨特彰顯的，是開出生命由有限而通向無限的價值之路。從這一點來看，中國哲學也深具宗教精神。我們從有限開無限，不僅承擔自己的存在，也承擔一切人的存在，宗教最偉大的精神，就在承擔一切存在的苦難。法律只能判決一個人的外在行為，道德則能審判自己的內心。人的墮落罪惡是無所逃的，你可以逃開人間社會的追索，可以逃開政治法律的制裁，但能逃開良心的自我審判麼？這是逃不開的，因為我們隨時面對自己的良心。在良心的自我立法、自我審判下，我們會拒絕他人，排斥他人，我們可以說他有罪，判他為惡，甚至連他的父子家人也會放棄他，認為他已不可救藥。事實上，人的存在有相當非理性的成分在內，此儒道兩家說命限，佛家說苦業，基督神學說原罪，人間理性的生命一定要通過非理性去表現，這就是人生的限定，也是生命多少含有悲劇性的原因。所以我們面對天涯淪落人，要懷抱同情悲憫，當整個社會都棄絕他，甚至他自己都拒絕自己的時候，那人間已無他立足安身之地，人生的道途上，只剩下兩條路可走：一條路是自殺，另一條路則僅有宗教的殿堂才會開門接納他。從這一點來看，宗教不管承受如何的衝擊或壓力，仍有它永恆存在的價值。所以，我們在開發生命價值的無限之路，也要能有宗教的精神。

不僅要「五十而知天命」，也要「六十而耳順」，才能發為宇宙情懷，擔負他人的存在，不僅擔負他人的善，也要擔負他人的惡，這才是真正的擔負，我認為儒道兩家都有這份情懷。

最後，容我作個總結，素樸的說，道是人走的路，是人走出來的路；人文的說，儒道兩家為人生開路，開出人人能走、既真實而又莊嚴的路，所以道是人生的正路，人生的大道；究極的說，道既是正路，又是大道，能實現每一個人生命的真實價值，與存在的莊嚴意義，所以道就是實現原理，也就有了天道的形上性格。儒道兩家的道，開出由有限走上無限的路，讓每一個人的生命沒有負擔也沒有缺憾，讓每一個人的生命既真實又莊嚴，這就是擔負一切存在，也實現一切存在的宗教精神。惟儒道兩家，在人間現世開出終極理想境，這就是人間現世的圓滿，所以儒道兩家的道，都通過政治去開展，內聖外王之道遂成為中國知識分子的宗教。這就是道，是由人的「心」去開發去實現的道。

第一章　身世之謎及其成書年代的推斷

《老子》與《論語》千古同步，是吾國並世永傳的兩部寶典，也是人類思想史上，最具睿智與靈感的曠代名著。惜乎老子其人身世如謎，其書年代又披上神祕的外衣，以至於兩千年來眾說雜陳，誤解殊甚。這對一代大哲而言，真是美中不足的一大憾事。

吾人今日探討老子的哲學思想，必得在學術發展史上，先給予客觀的定位，通過其人立身的時空背景，與其書形成的思想源流，以把握其立論的基點，與其價值的歸趨。如是，對其人的生命人格，與其書的哲理思想，始有一相應貼切的了解。

若捨此而弗由，而將老子《道德經》一書的思想，在歷史傳統的長流中抽離出來，作一孤立絕緣的觀解，則老子的哲學，僅是哲人書齋裡的偶發玄思，而失去其與時代脈搏息息相通，與傳統母體臍帶相連之深根大本的豐厚生命。其力挽時弊之積極用世的意義，亦將沉沒不見，而永不得顯發。此一哲人慧命既未被如實的了解，則視之為自然主義的宿命論者，或把弄手段的權謀家言，也就無足為奇了❶。故豁清其人身世的神祕謎團，與考據其書成立的確切年代，堪稱為研究老子哲學的當務之急，亦是探索吾國學術思想之發展進程的關鍵問題。

試看當代名家學者撰寫中國哲學史，對《道德經》的處理，即採了迥然不同的立場。胡適先生將老子列於孔子之先，而馮友蘭先生卻置在孟子之後❷。其間年代就差距了兩三百年，足見此一問題是為決定性的轉關了。

這一歧見，主要是出於當代學人對《史記》〈老子韓非列傳〉與〈孔子世家〉所云：「孔子適周，將問禮於老子」之說在年代上是否可能，及《莊子》〈天道〉、〈天運〉、〈知北遊〉各篇有關「孔子問於老聃」之寓言是否可信，與《禮記・曾子問》孔子「吾聞諸老聃」的那位言禮的老聃，與《道德經》作者的這位道家的老子，在思想性格上是否構成矛盾的研判上。若史料考據的結果，孔子適周，問禮於老子在年代上可能，而「寓言十九」的《莊子》所言

❶ 胡適先生《中國古代哲學史》卷一頁六三云：「我們僅可逆來順受，且看天道的自然因果罷！」商務印書館，五十年一月臺二版。梁任公《中國學術思想變遷之大勢》頁二〇云：「老學最毒天下者，權謀之言也。……將欲取之，必先與之，此為老學入世之本。」中華書局，六十年十月臺五版。錢穆先生《中國思想史》頁五七至五八云：「老子思想是最自然，還是最功利的，最寬慈，還是最打算的。……此後中國的黃老之學，變成權謀術數，陰險狠鷙，也是自然的。」中華文化出版事業社，五十二年三月四版。

❷ 見胡著《中國古代哲學史》卷一頁四三；馮著《中國哲學史》頁二一〇，宜文出版社。

「孔子問於老聃」亦可堪徵信，加上思想性格的研判，言禮之老聃與道家的老子亦不構成矛盾，可以是同一人的話，那麼胡適先生以老子為首出的說法，才能成立。

惟此說一出，梁啟超先生首致其疑云：

胡先生對於諸子年代，考核精詳，是他的名著裡頭特色之一，不曉得為什麼像他這樣勇於疑古的急先鋒，忽然對於這位老太爺的年代竟自不發生問題！❸

梁任公實不知胡適先生逼上梁山之苦衷，胡適先生倡「諸子不出於王官論」，云：

吾意以為諸子自老聃、孔丘至於韓非，皆憂世之亂而思有以拯濟之，故其學皆應時而生，與王官無涉。❹

❸〈評胡適之中國哲學史大綱〉，《古史辨》第四冊頁三〇七。

❹《古史辨》第四冊頁七。

他所謂的中國哲學發生的時代，是由《詩經》所映顯的「那時代（詩人時代）政治社會的狀態」，這一時勢所形成的思潮「沒有一派不是消極的」，他的論斷是「到了這時代，思想界中已下了革命的種子」，而孔子既非消極，又不革命，當然不能成為這一時代的代言人，故只得破例的對太史公的大膽假設，不加小心求證；再把革命家的封號奉贈老子，說：「他的思想，完全是那個時代的反動」，當下就輕易的將這位老太爺請上了諸子之首的寶座了❺。

他這樣抬舉了老子，立即出現了一個大問題，在春秋戰國之先，三代以來的歷史傳統與學術源流，頓時被腰斬，而成了一個斷頭的哲學史，無形中把一、兩千年之古聖先賢之列祖先民的文化業績，就這麼一筆給勾消了。

梁任公率先發難，反對老子先於孔子之說，對太史公「迷離恍惚」的神來之筆，提出了六大可疑之處：一為把老子的世系，與〈孔子世家〉之孔子世系作一比較，在年代上不合情理之常；二為孔子樂於道人之善，既稱歎「老子猶龍」，何以別的書沒有稱道一句？又墨子、孟子都極好批評，他們又不是固陋，何以連著五千言的「博大真人」都未提一字？三為即使承認有孔子問禮的老聃這個人，而依《禮記‧曾子問》的談話內容，他是一位拘謹守禮的人，

---

❺《中國古代哲學史》卷一頁三二至四七。

如此與五千言的精神，恰恰相反；四為《史記》這一大堆神話，十有八九是由《莊子》〈天道〉、〈天運〉、〈外物〉三篇雜湊而成，而《莊子》寓言十九，本就不能作歷史譚看待；五為在思想系統上老子的話，太自由、太激烈了，像「民多利器，國家滋昏；人多伎巧，奇物滋起；法令滋章，盜賊多有」、「六親不和有孝慈，國家昏亂有忠臣」這一類話，不大像春秋時代說的，同時在《左傳》、《論語》、《墨子》等書均未見類似思想的痕跡；六為在文字語氣上，《老子》書用「王侯」、「侯王」、「王公」、「萬乘之君」等凡五處，用「取天下」字樣者凡三處，這種成語，不像是春秋時所能有，「仁義」對舉，是《孟子》的專賣品，從前像是沒有的，還有「師之所處，荊棘生焉，大軍之後，必有凶年」一類的話，當時不能說出來，「偏將軍居左，上將軍居右」這種官名，戰國時才有。故以為其書當作於戰國之末，並云：「胡先生所說三百年結的胎，頭一胎養成這位老子，便有點來歷不明了。」❻此後即引起了第一度討論老子其人其書的熱潮。一直到馮友蘭先生《中國哲學史》刊行，舊話又被重提，而有第二度的一場大論戰。儘管他的論證與梁任公有異❼，顯然是受了梁任公的影響。

---

❻同❸。

❼《中國哲學史》頁二一〇云：「一則孔子以前無私人著述之事，故《老子》不能早於《論語》，二則

綜觀這兩度的論辯，可以分成兩大壁壘：斷定老子在孔子之先，《道德經》就是老子的作品者，除了胡適先生之外，尚有張煦、唐蘭、黃方剛、馬敘倫諸先生❽；懷疑此說的，除梁任公外，尚有張壽林、錢穆、素癡（張蔭麟）、馮友蘭、張季同、羅根澤、顧頡剛、熊偉諸先生❾。就是同持後一說的學者，彼此之間亦有歧見在。如張季同、羅根澤兩位先生認定在孟

《老子》之文體，非問答體，故應在《論語》、《孟子》後，三則《老子》之文，為簡明之『經』體，可見其為戰國之作品。」

❽ 張煦〈梁任公提訴老子時代一案判決書〉，《古史辨》第四冊頁三〇七至三一七。唐蘭〈老聃的姓名和時代考〉，前書頁三三二至三五一。〈老子時代新考〉，《古史辨》第六冊頁五九七至六三一。黃方剛〈老子年代之考證〉，《古史辨》第四冊頁三五三至三八三。胡適〈與錢穆先生論老子問題書〉，前書頁四一一至四一三。〈與馮友蘭先生論老子問題書〉，前書頁四一八至四二〇。〈評論近人考據老子年代的方法〉，《古史辨》第六冊頁三八七至四一〇。馬敘倫〈辨老子非戰國後期之作品〉，前書頁五二六至五三三。

❾ 張壽林〈老子道德經出於儒後考〉，《古史辨》第四冊頁三一七至三三二。錢穆〈關於老子成書年代之一種考察〉，前書頁三八三至四一〇。張蔭麟〈老子的年代問題〉，前書頁四一四至四一七。馮友蘭〈中國哲學史中幾個問題——答適之先生及素癡先生〉，前書頁四二一至四二三。〈讀評論近人考據老

莊之前，馮友蘭先生則以為在孟子之後，莊子之先。馮氏之說，最難以自圓其說的是，孟莊同時，老子又何能插身其中？錢穆先生則以思想概念出現之先後，如《道德經》開宗明義之兩大觀念「道」與「名」，當出現在莊子之道與公孫龍之名的後面，始為允當❿，故首倡莊前老後之說。顧頡剛先生將《道德經》與《呂氏春秋》作一對照，以為：

《呂氏春秋》中，《老子》的意義幾乎備具，然絕不統屬於老聃；至《淮南子》中，則

子年代的方法答胡適之先生〉，《古史辨》第六冊頁四一〇至四一七。張季同〈關於老子年代的一假定〉，《古史辨》第四冊頁四二三至四四八。羅根澤〈老子及老子書的問題〉，前書頁四四九至四六二。〈再論老子及老子書的問題〉，《古史辨》第六冊頁六四三至六八四。顧頡剛〈從呂氏春秋推測老子之成書年代〉，《古史辨》第四冊頁四六二至五二〇。熊偉〈從先秦學術思想變遷之大勢觀測老子的年代〉，《古史辨》第六冊頁五六六至五九六。

❿ 錢穆先生以為《莊子》之道與《論語》素樸之義為近，《老子》之道則已甚玄妙。此見有獨到之處。《莊子・齊物論》「道行之而成」，確與《論語》「人能弘道」之義相近。惟愚意以為，此乃莊子深受儒學顏回一脈影響之故。是以不言道而轉言天，不客觀的說個天道的絕對義，而直落在主體修養之自在無待的生命人格說。故謂天人、至人、神人、真人。

老聃的獨尊地位已確立，《老子》的成書時代，必在此二書之間。⓫

並云：

《老子》是戰國末年或是兩漢初年的著作，並且是擷取各家說而成的。⓬

張蔭麟先生則根據英人翟理斯(H. A. Giles)之說，把《淮南子》以前引老子的話搜集起來，與現存的《道德經》作一比對，發現：

有本來貫串之言，而《道德經》把它們割裂者；有本來不相屬之文，而《道德經》把它們混合者；有《道德經》採他人引用之言，而誤將引者之釋語羼入者。

⓫《古史辨》第四冊頁五一七。

⓬前書頁四八八。

由是而推斷：

現存的《道德經》寫定的時代，不惟在《孟子》之後，要在《淮南子》之後。

並云：

對於老學的真正創始人，我們除了知道他的時代在莊子之前，他的書在莊子時已傳於世外，其餘一無所知。他大抵是託老聃之名著書而把自己的真姓名隱了的。所以秦以前人引他的話時，但稱老子或老聃，而沒有用別的姓名。他的書經秦火以後，蓋已亡逸或殘闕。現存的《老子》乃漢人湊集前人所引並加上不相干的材料補綴而成。⓭

此兩人之說不止是成書年代前後的問題，更以《道德經》之思想，乃雜湊纂集而成，而非一人一時的系統之作。

⓭ 前書頁四一六至四一七。

順此一思路，錢穆先生另有〈再論老子成書年代〉與〈老子書晚出補證〉二文，堅持並強化其《莊》前《老》後之說。前者透過《老子》書所反映之政治社會的背景，而「知其書之晚出而無可辯護者」，並以學術思想之系統言「《老子》兼採各家以成書」；後者又提出書中某些重要語詞概念，與《莊子》作一對比，以見《老子》思想實為《莊子》之進一步者⓮。惟《莊》前《老》後之說，其無可自解的困難，就在難以解釋何以《莊子》內、外、雜篇卻屢屢稱引《老子》的事實。

徐復觀先生在〈有關思想史的若干問題〉一文中，力加辯駁，以為「其人必在孔墨之後，但在莊子之前」，惟「此編纂定本時間，應在《莊子》之後」⓯。

是兩位先生，均以《老子》其書，係編纂而成，而非出於一人一時之作，且成書於《莊子》之後。惟日後徐先生又發表〈有關老子其人其書的再檢討〉，即大事修正自己的觀點，以為「老子與孔子同時，而略早於孔子」，且其書非由編纂而成，而主要是成於一人之手，此人可能就是其直傳弟子關令尹喜，是定本當在《莊子》書之先，且影響莊子思想之形成。他的

⓮《莊老通辨》頁六一至一〇二、二八七至三一四，新亞研究所，四十六年十月初版。

⓯《中國思想史論集》頁九八，私立東海大學，五十七年二月再版。

論點以為《史記》本傳（兩段或曰是傳說，非正傳），與《莊子》各篇有關老子言行之記載可信，而《禮記・曾子問》之老子，「由深知禮而反對禮，是很自然的」，故與道家的老子在思想性格亦不矛盾，並進一步將《道德經》與《莊子》、《荀子》、《呂氏春秋》、《韓非子》、《戰國策》等逐一對照，發現《老子》書中語已為各書所引用，以為「在戰國中期以後，《老子》已成為最流行的學說」。此同時辯破梁任公、馮友蘭、錢穆、顧頡剛諸家之說⓰。

吾人綜觀這一系列老子其人其書的論戰熱潮，有三種傾向：一者逐漸拋開老子其人身世之謎的探索，以為其人不可知，而專考究其書思想成立的年代，遂由孔子之先，而孔墨之後，而孟莊之後；二者不問其書思想形成於何時，而僅推斷現存《道德經》的成書年代，故由《孟》《莊》之後，而《呂氏春秋》之後，而《淮南子》之後，真是每況愈下了；三者更不以《老子》為一家一人的系統之作，而判之為雜輯各家思想以成者，《老子》已形同雜家矣。

這是在疑古之風大盛之際，歷史考據家所作的大膽推斷。彼等之說，雖各有論據，以是其所是，而非其所非，卻不免落於一偏之見，而難以還出老子《道德經》的全貌與真相。事實上，今本《道德經》，不管是老子自著或由其門弟子寫定傳下，其間必經後學自加增益修

⓰《中國人性論史・先秦篇》頁四六四至五〇八，私立東海大學，五十二年四月初版。

正，或有傳抄錯誤，斷簡脫落，與注釋竄入經文的可能，且秦火之後，又經漢儒的整編。是以僅就《道德經》的某一義理某一章節，即以偏概全的據以推斷其成書年代者，是相當不可靠的，且老子思想涵有各家思想的義理概念，何以不能是由道家開出各家之分異，而必如司馬談〈論六家要旨〉所謂採諸家之長以成一家之言？老子《道德經》全篇前後自成一條貫一體系，何以竟謂之雜湊纂輯格言以成者？

惟吾人以為，太史公為老子作傳，不免迷離恍惚，有若神話，此固是道家人物「其學以自隱無名為務」，有若神龍般的「莫知其所終」。是當時必已失去直接可信的史料，然太史公站在寫史者的立場，不願這僅有的有關老子身世的傳說，在自己的手中流失，故僅能客觀的將各種可能的傳說，分別記下，存疑而不輕下斷語，這正顯示一代大史家的實證精神。就由於這一筆極其簡略而各說並存的直敘，反而為後代學人留下了永難揭開的謎團。

在上述眾說異端中，以梁任公與徐復觀兩位先生論據最為有力，而總結各說有一系統說明與合理推斷者，則為勞思光先生。他在《中國哲學史》第一卷，僅《史記》本傳的其人事略，就歸納出六大問題：一為姓名問題，二為孔子問禮之問題，三為出關及著書問題，四為年齡問題，五為老萊子及太史儋問題，六為世系問題[17]。當真是問題重重，難以確切論斷了。是除非在材料與方法上有更進一步的發現或突破，否則，想揭露老子的身世之謎，已幾近不可能。吾人只能如斯說，老子是《道德經》的作者，他的身世之謎，仍是懸而未決的千古疑案。

剩下來的就是《老子》成書年代的問題了。其人的線索已無可追尋，只有由其書入手。其書之年代問題，勞思光先生亦落在「文體問題」與「用語問題」加以考察。他說：

《道德經》文體為顯明韻文體，但以此與問答體比觀，僅見南北之異，未必表先後之分。……《道德經》中後人竄改者甚多，凡用後出之語者，皆屬後人所增補。⑱

由是可見，文獻的考據是有時而窮的，吾人今見《莊子・天下》引述老子之詞語，與今本《道德經》雖未盡相同，然思想性格則無距離。而《韓非子》〈解老〉、〈喻老〉兩篇稱引之老子語，皆可見之於現存《老子》書，足證老子之思想，在《莊子・天下》之先已形成，而今本《道德經》至晚在《韓非子》書之前，已成書而流行於世⑲。

⑰《中國哲學史》第一卷頁一二〇至一五〇，崇基書局，一九六八年正月初版，香港。
⑱前書頁一五三。

綜括言之，其人既不可知，吾人試圖在學術源流中給予客觀定位的起步工作，豈非失據而交出白卷！其書又迭經後人增補修正，亦難以由經文之文體用語，考定其成書的確切年代。唯一可行之道，就在將全書之義理規模與思想精神，作一整體的衡定，看在學術長流中，此一思想體系安放在哪一階段，才是合理而可能。這雖乏直接證據的支持，亦無必然性，卻是唯一可尋繹而出的線索。蓋《道德經》，本是一哲學作品，文體詞語，皆是形式，有關文獻，亦屬外圍，由此了解畢竟是間接而旁觀的；不若直指其思想精神，才能透入其內在的實質，此之謂義理的推斷。抑有進者，老子自云正言若反，若非孔墨一大套正面有為的學說成立在先，他諸多負面無為的言論，豈非頓失其所指而告落空？而《莊子》一書，盡多是謬悠之說、荒唐之言、無端崖之詞，若其前無《老子》撐開的道家義理規模，則寓言、重言、卮言等隨說隨掃之非分解的表達方式，又何能為人所接受了悟，而顯發道家的教義⑳。故吾人雖乏更直接可靠的文獻，可資參證，然基於這一義理的推斷，仍將老子的哲學定在孔墨之後，莊子之前，而為道家的開山。

---

⑲ 前書頁一五四至一五五。

⑳ 參考牟宗三先生臺灣大學六十六學年度「魏晉玄學」講堂上筆記。

第二章　哲學問題

在先秦各家思想之上下傳承與相互激盪的進程中，吾人將老子的哲學，定位在孔、墨與孟、莊之間，始能脈絡分明而各得其所。本章即據此而解析老子《道德經》所面對承受並進一步求以消解的哲學問題。今分別就時代背景、思想淵源與地域色彩等三方面，加以考察。

惟此中有一問題，值得反省。蓋老子其人的身世之謎，猶未揭開；其書之成書年代，又爭持不下，殊難遽下論定。吾人前此之義理的推斷，即以其書的思想內涵，作為推論其書成於孔墨之後，莊子之先的唯一依據。今言其哲學問題，又回過頭來，據此一僅由推論所得，尚有待進一步證明的成書年代，以言其面對的時代背景，與其承受之思想淵源，並再以其特殊的地域色彩，來表顯其思以消解的哲學問題。如此，豈非陷於循環論證的困難之中嗎？

故本文不先就年代說起，而單從老子《道德經》所試圖探討之政治人生的價值問題，及進一步有以建立之形上哲學體系，來說明這一價值反省所反映的時代，究竟是屬於怎麼樣的時代？這一形上思想所批判的觀念，到底是針對哪一家的觀念？如是，一者可以豁顯其哲學問題的重心所在，以及所以形成此一哲學問題的時代背景與思想淵源；二者吾人前此對《老子》其書所持有的立場，亦可有一比較詳盡有力的證明。否則，必如胡適先生所謂懷疑老子其人或把《老子》書移後，先得舉出「充分的證據來」❶，則一切都不可說。《老子》一書的思想，僅有任其懸空孤立，而不能還原到其所自來之時代背景與思想淵源的根本滋生之地了。

第一節　由時代背景看

(一)禮的僵化與刑的肆虐

老子雖建立了其獨步千古的形上哲學，然通貫整部《道德經》的思想旨趣，仍重在反省現實人生的困頓。依老子的觀察，此一生民存在的苦難，乃源自政治制度的誤導，與其統治權力的誇張❷。胡適先生云：

❶〈評論近人考據老子年代的方法〉，《古史辨》第六冊頁三八七。

❷徐復觀先生《周秦漢政治社會結構之研究》頁一一二云：「道家墨家反戰爭，道家更反對權力，當然更反對權力的集中。」新亞研究所，六十一年三月初版，香港。

我述老子的哲學，先說他的政治學說。我的意思是要人知道哲學思想不是懸空發生的。❸

此說雖不足以充盡的說明一家思想之所自起，然實有其處理吾國學術思想的洞見。至少他知道中國的學問，不是書生憑空想出來的，而是莊嚴的面對了時代背景的挑戰。首先，吾人試看《老子》所云：

民之饑，以其上食稅之多，是以饑；民之難治，以其上之有為，是以難治。民之輕死，以其上求生之厚❹，是以輕死。（七十五章）

❸《中國古代哲學史》卷一頁四九。

❹嚴靈峰先生《老子達解》頁三〇〇云：「以其求生之厚，傅奕本、杜道堅本『求生』上並有『上』字。按：王弼注：『言民之所以僻，治之所以亂，皆由上，不由其下也；民從上也。』依王注，並上二句例，『求生』上當有『上』字，應據傅本補。」藝文印書館，六十年十月初版。

此一章所言，最足見老子對當時民生困頓的痛切反省，以為皆源自統治者的有為自重。所謂「食稅之多」，當非《論語》「盍徹乎」與「二，吾猶不足」的權衡，此哀公於「年饑，用不足」之時，請教有若當「如之何」（〈顏淵〉）。足見是時為「什而取二」之徵賦，尚談不上「食稅之多」也。而與《孟子》「關譏而不征，則天下之旅皆悅而願出於其路矣；耕者助而不稅，則天下之農皆悅而願耕於其野矣」（〈公孫丑上〉）所反映的時代相近。且「以其上求生之厚，是以輕死」，更與《孟子》「庖有肥肉，廄有肥馬，民有饑色，野有餓莩，此率獸而食人也」（〈梁惠王上〉）之義，幾乎等同。

其次，再看《道德經》批判當時的禮制云：

> 禮者，忠信之薄而亂之首。（三十八章）

顯然對周文禮制採取極端不同情，甚至是反對的態度。老子的道家哲學，固是「感於周文之虛偽而發其義的」❺，而周文之隳壞，雖春秋已見端倪，然禮文爛熟頹落總要在戰國周

---

❺ 牟宗三先生《智的直覺與中國哲學》頁二〇三，商務印書館，六十年三月初版。

王室名實俱亡之後才會出現❻。否則，孔子所謂「郁郁乎文哉，吾從周」（〈八佾〉）與「興於詩，立於禮，成於樂」（〈泰伯〉）之說，皆成不可解。反之，《孟子》所云「諸侯之禮，吾未之學也；雖然，吾嘗聞之矣」（〈滕文公上〉），與「無道桓文之事」，而轉言「定於一」之仁政（〈梁惠王上〉），正與《老子》此說相近。

其三，《老子》對當時政刑嚴苛，提出最大的抗議，云：

民不畏死，奈何以死懼之！（七十四章）

到了天下人民「輕死」與「不畏死」的時候，「以死懼之」的霸道治術，亦為之技窮。此與《論語》「民無信不立」、「雖賞之不竊」的時代不類，而與《孟子》「君之視臣如土芥，則臣視君如寇讎」（〈離婁下〉）、「及陷乎罪，然後從而刑之，是罔民也」（〈滕文公上〉）的背景相近。《老子》此一激烈的話，直與《孟子》「君有大過則諫，反覆之而不聽，則易位」（〈萬

❻ 渡邊秀方《中國哲學史概論》頁一一〇云：「大概是當時主知的周代文化，正由爛熟移於頹廢期，禮法繁瑣，紛擾無已。」商務印書館，五十六年一月臺二版。

章下〉的意義等同，總要在嚴刑峻罰大興的戰國時代，較有可能。

由是而言，《道德經》所反映的時代，正是禮的僵化與刑的肆虐之政治權威高張泛濫的階段，其背景當在戰國，而非春秋。

(二)大規模的戰爭，各國競相吞併，生命面呈現無比的卑弱

《老子》云：

> 天下無道，戎馬生於郊。（四十六章）
> 大軍之後，必有凶年。（三十章）

連母馬也在沙場馳騁❼，而耕夫盡出徵調入伍，是以農村幾無勞動馬力與人口，是以災荒連年。似此等描述，必不是貴族武士兵車數十乘或數百乘對壘相抗的一決而戰，而直是幾

---

❼ 高亨《老子正詁》頁一〇一云：「古者戰馬用牡不用牝，天下無道，干戈相尋，牡馬乏絕，牝馬當戎，戰陣在郊。故曰戎馬生於郊。」開明書店，五十七年三月臺一版。

十萬農民步兵肉搏廝殺，綿延多年的大規模戰事了。此當是戰國時代才能有的景象❽。

此與《論語》「足食足兵」（〈顏淵〉）之議、「以不教民戰，是謂棄之」（〈子路〉）的論調大悖。而與《孟子》「殺人盈野」（〈離婁上〉）之說、「彼奪其民時，使不得耕耨，以養其父母，父母凍餓，兄弟妻子離散」（〈離婁上〉）之描述近。《老子》又云：

勝而不美，而美之者是樂殺人。夫樂殺人者，則不可得志於天下矣。（三十一章）

此亦與《孟子》「天下烏乎定」、「定於一」、「不嗜殺人能一之」（〈梁惠王上〉）的說法同調；而「戰勝以喪禮處之」（三十一章），亦與《孟子》「善戰者服上刑」（〈離婁上〉）之說近。

❽ 錢穆先生《國史大綱》頁五八至五九云：「軍器製造如車如甲，及戰馬之養育等，皆為貴族保持地位之一種事業，平民無力參與。」又云：「《左傳》所載諸大戰役，如秦晉殽之戰，晉楚城濮、邲、鄢陵之戰，晉齊鞍之戰等，皆當時貴族式的戰爭。……至戰國則全以農民步兵為主。」商務印書館，五十七年十月臺十二版。另《論語・子路》云：「桓公九合諸侯，不以兵車。」亦是春秋時為兵車戰之一例。

諸子百家，反戰思想最強烈者，數老子與孟子。《老子》之「大國以下小國」（六十一章）與《孟子》之「以大事小」（〈梁惠王下〉），皆同屬消解列國間的戰亂之道。故二者在年代上不能相去過遠，而應是同一時空背景的反映。

在戰火瀰漫中，「兵者不祥之器」（三十一章），人的生命呈現無比的卑弱。《老子》云：

無狎其所居，無厭其所生。（七十二章）

此正說明人活著受盡折磨屈辱，實有生不如死之感。故轉言「不爭之德」（七十三章）與「重積德，則無不克」（五十九章）。

且《老子》以「小國寡民」（八十章）為其理想社會，年代若在春秋，則不可解。蓋封建國家，「其先只限於一個城圈，當時的中國，可以有近二百國，其時列國人口稀少」❾，故《老子》必針對封建崩潰之後，國家權力集中的戰國而發❿。此亦《老子》書成於戰國之

---

❾ 錢穆先生《國史大綱》頁四四至四五。

❿ 徐復觀先生《周秦漢政治社會結構之研究》頁一〇四云：「由封建國家的崩潰，貴族政治的變質，戰

一證。

由是而言，《道德經》的年代，既與《孟子》近，而遠離《論語》，則其書年代在戰國，似可成立。

㈢工商業的興起，欲望普遍增長，民心為之浮動

井田制隨宗法封建的崩潰而廢，履畝而稅之後，土地可以自由買賣，成為商業行為，兼併之風隨之而起，農民一者為逃避農戰之徵調，二者亦失去土地，因而逃離土地的束縛，在列國之間游動，自由經商者漸漸興起⓫。

這一轉變，對生於斯長於斯，安於耕地、勤於農作的廣大人民來說，是一絕大的衝擊。《老子》云：

國時代國家的權力，較之春秋時代，遠為集中，國家的性格因而為之一變。」

⓫錢穆先生《國史大綱》頁六〇云：「春秋時工商業皆世襲於官，蓋貴族御用，……封建貴族崩潰，而自由經商者，乃漸漸興起。」頁六一云：「農民漸漸游離耕地，侵入禁地，尋求新生業，貴族不能禁阻。」

不貴難得之貨，使民不為盜。（三章）

金玉滿堂，莫之能守。（九章）

此與《論語》所謂「富之，教之」（〈子路〉）、「君子懷德，小人懷土」（〈里仁〉）的意態不類；而與《孟子》「寡人有疾，寡人好貨」（〈梁惠王下〉）、「君臣父子懷利以相接」（〈告子下〉）的情景切近。在貨利的誘引下，欲望必普遍增長，民心亦為之浮動。故《老子》云：

甚愛必大費，多藏必厚亡。（四十四章）

不見可欲，使民心不亂。（三章）

並拋下一個發人深省的問題：

名與身孰親？身與貨孰多？（四十四章）

由是而言，老子主「無知無欲」（三章），與「見素抱樸」（十九章），決非其浪漫性格的片面表露，而自有其對治時弊的用心在。由此一端觀之，其成書當在戰國，而不在春秋。

㈣士集團的擴大，形成名利爭競的熱潮

《老子》云：

不尚賢，使民不爭。（三章）
使夫智者不敢為也。（三章）

此與《論語》「舉賢才」（〈子路〉）、「君子憂道不憂貧」（〈衛靈公〉）之說不類，總要在游仕之風大盛，開啟布衣卿相之局，形成名利爭競的熱潮之後，才會有「使民不爭」、「使夫智者不敢為」之議。試看，孟子自身固是「後車數十乘，從者數百人，以傳食於諸侯」（〈滕文公下〉），而主張與民並耕而食之許行，亦「有徒數十人」（〈滕文公上〉），另有寄身稷下，不治而好議論的田駢、淳于髡⓬。而「一怒而諸侯懼，安居而天下熄」的公孫衍、張儀，以其

⓬錢穆先生《國史大綱》頁七四云：「齊稷下先生皆不治而議論，而淳于髡、田駢為之首。」

「以順為正」，被孟子判為「妾婦之道」（〈滕文公下〉）。足見彼時士集團聲勢之大了。而戰國四公子，亦大開養賢養士之風⓭，故不尚賢，不敢為之說，當屬戰國名利爭競之景象的反動。

《老子》又云：

寵為下，得之若驚，失之若驚，是謂寵辱若驚。（十三章）

從某一義說來，寵就是辱，以其得失不在己，而由外在決定之故。此亦如《孟子》所云：

人之所貴者，非良貴也，趙孟之所貴，趙孟能賤之。（〈告子上〉）

由上而言，兩家之年代當相近。

⓭ 參見前書頁七四至七五。另徐復觀先生《周秦漢政治社會結構之研究》頁一〇四至一〇五以為：采邑土田之制不行，各國採以粟為祿的制度，使人君在進用游士上遠為自由。

此節吾人試就《道德經》的思想內容，與《論》、《孟》作一對照，發現其反映的時代背景，與《孟子》接近，而與《論語》不類，由此，吾人或可如斯說，《道德經》的成書年代，當在孟子立身的戰國，而非孔子所處的春秋之世。

第二節　由思想淵源看

由其書所反映的時代背景，固可知老子的哲學問題，主要在反省當時生命存在的卑微困頓，乃來自政治制度的誤導干擾，與統治權力的高張迫壓，此一時代背景的挑戰，對一家哲學來說，必形成其不得不面對的外在激發力。

問題是，一家之哲學問題，雖不能與其存在的時空脫節，亦不能僅由時代背景所決定，而實有其承自歷史傳統的思想淵源。若無此一思想淵源，則任何問題的反省與批判，必失去時間的綿延性，而其所處理的問題，所抱持的理念，亦將孤立在歷史長流之外，僅成個人的感懷獨白，而不能有代代相傳的民族共命慧。故本節由思想淵源，來看《老子》在歷史傳統的學術源流所承接的哲學問題。

道家思想，並非平空拔起，突然自老子而有，而是有其深厚的歷史淵源。相傳堯時，有巢父、許由等孤高之士。前者山居不出，年老以樹為巢，而寢其上，由是得名；堯以天下讓之，不受。後者據義履方，隱於沛澤，堯以天下讓之，不受，遁耕於箕山之下；堯又欲召為九州長，由不欲聞，洗耳於潁水之濱。此類傳說，雖不盡可信，卻告訴我們，吾國自古以來，即有對人生持著消極態度，逃世隱名，以求自性清淨的高士。

吾人試從《老子》書中求證，其中即有「建言有之」（四十一章）、「用兵有言」（六十九章）之引錄前人格言的例子⓮，足證老子思想，一如儒家，有承自傳統文化的餘緒者，吾人看《論語》中，亦有類似道家思想的語句：

曾子曰：「以能問於不能，以多問於寡，有若無，實若虛，犯而不校，昔者吾友嘗從事於斯矣。」（〈泰伯〉）

子曰：「無為而治者，其舜也與！夫何為哉？恭己正南面而已矣。」（〈衛靈公〉）

⓮ 此徐復觀先生採取不同的觀點，《中國人性論史》頁四九八：「不僅『聖人』一詞，指的是老子，書中十五章、二十二章、六十二章、六十五章中所說的『古之』；三十九章所說的『昔之』；四十一章所說的『建言有之』，我以為也都指的是老子。」

此「有若無，實若虛」，與「無為而治」，落在儒學自身的系統，其意義自不必與道家等同；惟吾人若說兩家思想有承自共同的歷史傳統，至少是不成問題。本節分由隱者的行誼、楊朱的思想，與儒家聖智仁義之道德規條的根本反省等三方面，去推究老子的思想淵源。

(一)隱者的行誼

在《論語》一書中，記載著當時一群對孔夫子及其門弟子的言行，採取不同情態度的隱者。今逐條引出，以見彼等的生命情態：

子路宿於石門。晨門曰：「奚自？」子路曰：「自孔氏。」曰：「是知其不可而為之者與？」（〈憲問〉）

子擊磬於衛，有荷蕢而過孔氏之門者，曰：「有心哉，擊磬乎！」既而曰：「鄙哉，硜硜乎！莫己知也，斯已而已矣。『深則厲，淺則揭。』」子曰：「果哉，末之難矣。」（〈憲問〉）

楚狂接輿，歌而過孔子，曰：「鳳兮鳳兮，何德之衰？往者不可諫，來者猶可追。已而已而，今之從政者殆而。」孔子下，欲與之言，趨而辟之，不得與之言。（〈微子〉）

長沮、桀溺耦而耕。孔子過之，使子路問津焉。長沮曰：「夫執輿者為誰？」子路曰：「為孔丘。」曰：「是魯孔丘與？」曰：「是也。」曰：「是知津矣。」問於桀溺，桀溺曰：「子為誰？」曰：「為仲由。」曰：「是魯孔丘之徒與？」對曰：「然。」曰：「滔滔者，天下皆是也，而誰以易之？且而與其從辟人之士也，豈若從辟世之士哉！」耰而不輟。子路行以告，夫子憮然曰：「鳥獸不可與同群，吾非斯人之徒與而誰與！天下有道，丘不與易也。」（〈微子〉）

子路從而後，遇丈人，以杖荷蓧。子路問曰：「子見夫子乎？」丈人曰：「四體不勤，五穀不分，孰為夫子？」植其杖而芸。子路拱而立，止子路宿，殺雞為黍而食之，見其二子焉。明日，子路行以告。子曰：「隱者也。」使子路反見之。至則行矣。子路曰：「不仕無義。長幼之節，不可廢也；君臣之義，如之何其廢之？欲潔其身，而亂大倫。君子之仕也，行其義也，道之不行，已知之矣。」（〈微子〉）

吾人對上引各條，細加玩味，可知當孔子師弟棲棲皇皇奔走天下的時候，已有散居田間僻處鄉野的隱者，對孔子的「有心」救世，判之為「鄙哉」而時加譏諷，對孔子的「知其不可而為之」，亦深致「何德之衰」的惋惜之意。他們環顧當世，正是「滔滔者，天下皆是」的亂世變局，又痛心「今之從政者殆而」，故自覺天下事無可為，僅「欲潔其身」，而不以「易之」。他們以為置身亂世，面對變局，與其一如孔子師弟的求仕行義，卻道之不行，反而受困於匡，陳蔡絕糧的成了「辟人之士」，不如與鳥獸同群的棲身山林，耕耰不輟的做一個清淨的「辟世之士」。

吾人以為，像晨門、荷蕢者、楚狂接輿、長沮、桀溺、荷蓧丈人等自以為天下「莫己知」的「隱者」，雖默默耕耘，不求聞達，然他們眼見「天下滔滔」，而謂「誰以易之」，足見他們心在天下。他們譏刺孔門師弟的言行，亦可證他們是一群有心人，他們只是不屑於當政者之所為，自覺的選擇了躬耕避世的這一條路，惟猶未建立其何以避世獨善的理論基礎。他們的行誼，可以說是道家思想的前驅。

(二) 楊朱的思想

昔日蔡元培先生，有楊朱即莊周之論⓯。此說立即引起當時學界廣泛之討論與批駁⓰。

⓯ 見《古史辨》第四冊頁五三九至五四〇。

⓰ 唐鉞〈楊朱考〉、〈楊朱考補〉、〈楊朱考再補〉，前書頁五四〇至五六一、五六九至五七八。鄭賓于〈楊

在諸說中，有謂楊朱即陽子居，然不屬道家，而當自成一家者，如高亨先生是；另有謂楊朱非莊周亦非陽子居者，如門啟明先生是。二者皆主楊朱自楊朱，莊周自莊周，不可混而為一。吾人今論及楊朱為我之思想，可能是老子思想的淵源，則在年代上首當先加衡定，再考量其思想是否為道家者流。

《孟子》有云：

聖王不作，諸侯放恣，處士橫議，楊朱、墨翟之言盈天下；天下之言，不歸楊，則歸墨。……楊墨之道不息，孔子之道不著。（〈滕文公下〉）

吾人試看孟子既以「言距楊墨」的「聖人之徒」自許，足見楊朱的思想，到孟子時已聲勢大盛，與儒墨兩家三分天下，故必在孟子之先。另墨子辯破儒學，未及楊朱，而楊朱曾與墨家門徒禽滑釐論辯⑰，是楊朱之年代，其孔墨之後，孟子之前與！再看，《淮南子》云：

朱傳略〉，前書頁五六一至五六九。高亨〈楊朱學派〉，前書頁五七八至五九二。門啟明〈楊朱篇和楊子之比較研究〉，前書頁五九二至六一〇。

夫弦歌鼓舞以為樂，盤旋揖讓以修禮，厚葬久喪以送死，孔子之所立也，而墨子非之；兼愛尚賢，右鬼非命，墨子之所立也，而楊子非之；全性保真，不以物累形，楊子之所立也，而孟子非之。（〈氾論訓〉）

此隱然順著先秦各家年代先後的遞衍之跡直敘而下，亦為一證。

其次，其思想是否一如高亨先生所云「楊朱之為我主義與老聃之利物主義相抵觸」、「楊朱之平民思想與老聃之王侯思想相抵觸」？假若高亨先生此說為是，則以楊朱的思想為老子思想淵源之所自的說法，就不能成立了。此則屬於「為我」思想之了解與把握的問題，而不在年代前後的範圍了。

《列子》一書，已被辨為偽託之書⓲，尤其〈楊朱〉充滿了恣情縱欲的思想，直是魏晉

⓱《荀子・王霸》「楊朱哭衢涂曰」句下楊倞注云：「楊朱戰國時人，後於墨子，與墨子弟子禽滑釐辯論。」《二十二子》，第四冊〈荀子〉頁二七一，先知出版社，六十五年十月臺景印初版。

⓲馬敘倫〈列子偽書考〉，《古史辨》第四冊頁五二〇至五二九。陳文波〈偽造列子之一證〉，前書頁五二九至五三九。

頹風的反照，已不足以舉為楊朱思想的代表，故可徵引以言楊朱之思想者，僅如下三條：

楊子取為我，拔一毛而利天下，不為也。（《孟子・盡心上》）

陽生貴己。（《呂氏春秋・不二》）

全生保真，不以物累形，楊子之所立也。（《淮南子・氾論訓》）

此楊子所為之「我」，所貴之「己」，不在可為物欲牽累的形軀，而在生命的本真。惟孟子所謂「拔一毛而利天下，不為」的論斷，是在其特殊規定的儒學觀點說出來的，可能失真而引生誤解，是高亨會有楊朱與老子思想抵觸之說。

吾人試看《韓非子》云：

不以天下大利，易其脛一毛。（〈顯學〉）

在此一了解下，楊朱的思想並非極端自私者，而僅是墨家哲學的反動，決不以天下大利，而損其生命之一毫。（此亦可證楊朱思想在墨子之後，孟子之前。）吾人試想，若人人為我，自安自足，而不干擾他人，不妄生是非，是則人間諸多庸人自擾的問題，豈不是可以化解於無形麼？此當是楊朱思想語不驚人，而得以盛行一時，風靡天下的原因。

由是而言，楊朱的思想可以說是隱者言行之進一步者。蓋子路謂荷蓧丈人，「欲潔其身，而亂大倫」，孟子亦謂「楊氏為我，是無君也」，「為我」即僅求自潔其身，而「無君」也就是亂了君臣大倫，是以孔夫子有「鳥獸不可與同群」之歎，而孟夫子亦據父子之親與君臣之義兩大倫常，而判之為「禽獸也」。由楊朱的為我無君，到老子的虛靜無為，乃是極為合理的圓轉推進，怎會是互相抵觸呢？而《老子》之「聖人無常心，以百姓心為心」（四十九章），又怎能謂之為王侯思想，而非平民思想，此亦太膠著於字面上的意義了。

此中尚有一問題，老子與楊朱俱在孔墨之後，孟莊之先，何以孟子只距楊而不及老？《莊子‧天下》與《荀子》〈解蔽〉、〈非十二子〉兩篇，評論各家思想，皆有墨而無楊，韓非論世之顯學，亦僅儒墨，足見楊朱思想，在孟子時大盛，到了《莊子‧天下》與荀韓時，已突轉沒落。此一原因，勞思光先生有一精彩的推論：

> 楊朱之說，一度極盛，其衰則應在孟子之後，〈天下〉篇時代之前。此一階段正是老莊之說興起之際。孟子生卒僅早莊子數年，而孟子時目中固無莊子，僅言楊墨，足見其

時老莊思想，尚未被視為一獨立學派。何以如此？蓋因老莊思想接近楊朱，故當時為楊朱所掩，合為一派。而日後楊朱思想之衰，亦正是由於老莊思想之興。老莊思想遠較楊朱思想成熟，《道德》、《南華》之說大行，楊朱之言遂衰息。[19]

由上言之，老子之哲學問題，不僅在為時代的動亂尋求一根本的解決之道，同時亦承接了隱者之行誼與楊朱之思想，更上一層的建立其所以可能的超越根據。

(三)儒家聖智仁義之道德規條的根本反省

先秦諸子百家的思想，皆通過對周文的反省，而採取了不同的立場，並開展了其特有的進路。

儒家承接三代以來的文化傳統，面對周文的隳壞，在根源上做一反省，並求有以重建的可能。子曰：「人而不仁，如禮何？人而不仁，如樂何？」（〈八佾〉）是孔子的哲學問題，主要在為周之禮樂深植人性之根，有了人心之仁的內在根源，禮樂的鐘鼓玉帛才有其道德自覺

[19]《中國哲學史》第一卷頁一二七。

的意義。孔子仁義禮兼重，仁之發心，在求心之自安自足，而仁心發顯，必得衡諸客觀情境，在人我之間，尋求各得所安之道。這一人人皆安的道德判斷就是義，而兩心交感的通路就是禮⓴。

惟一入戰國，禮壞樂崩，周文已無重建的可能。故孟子不求恢復傳統的禮制，轉而挺出人的道德良知，構作一仁政王道的藍圖。禮義內說，以義為衡量立身處世的價值基準。曰：「居仁由義，大人之事備矣。」（〈盡心上〉）將外在客觀化的規制之禮，拉回內在主體性的自覺之義，故仁義並稱。下至荀子，對人性的考察，落在實然經驗的層面，不能承認人性本有的價值之善。曰：「人之性惡，其善者偽也。」（〈性惡〉）仁心不存，義轉為外在，完全落在客觀禮制的規範中了，故禮義並稱。孔子之義，在仁禮之間；孟子之義，源於內在之仁；荀子之義，則在外在之禮。此一仁義禮，逐步由內往外推，人心內在的活水源頭，若為物欲所牽引而放失於外，以致內外阻絕漸告乾涸的話，義可能轉成主觀之成見執著，禮亦可能轉為外鑠之束縛制限了。

老子的年代雖在孟荀之先，然孟荀之先，孔門弟子又分兩大支：一為反求諸己的曾子，

⓴ 參看拙文〈從花果飄零到靈根自植〉，《鵝湖月刊》三十三期，六十七年三月十五日出版。

一為篤信聖人的子夏，一重內省之仁，一重外發之禮。是義的定執與禮的僵化，自不必待孟荀之後始有，孔夫子即曾以「女為君子儒，勿為小人儒」告誡子夏，故吾人以為，老子的哲學問題，主要就在為儒學之仁義禮，開拓形上之源。《老子》曰：

聖人不仁，以百姓為芻狗。（五章）

大道廢，有仁義；智慧出，有大偽。（十八章）

絕聖棄智，民利百倍；絕仁棄義，民復孝慈。（十九章）

失道而後德，失德而後仁，失仁而後義，失義而後禮，夫禮者，忠信之薄而亂之首。（三十八章）

凡此所謂絕棄聖智仁義，並不是本質的否定，而是作用的保存；不是否定道德踐履的價值，而是開拓道德的形上根源，來保住聖智仁義的可能。由此一端可知，老子的哲學，必在孔子之後，對儒學之德化禮治，做更上層樓的反省。方東美先生以為，孔子儒學把人的生命投注在時間之流裡，去展開價值的創造活動。在這一往前推進的歷程中，依老子的反省，若不能「復守其母」的回歸到道的形上本源的話，一者人的創造力可能衰退，二者由於其走入世俗之故，呈現一極大的危機，所謂的前進，不一定向上昇越，而可能往下墮落㉑。

抑有進者，在孔子儒學說來，「人能弘道，非道弘人」，此之道，為「本立而道生」的道，是後起人文所開出的道；又「為政以德」，此之德，為「德之不修」的德，是由人格修養而得的德。此等人文之道、人格之德，皆未有形上先在的意味，其本就在「我欲仁，斯仁至矣」的仁。故曰：「志於道，據於德，依於仁，游於藝。」依老子道家的反省，儒家由人文開出修養而得的道德，適是一干擾破壞，反成不道德；人能無為虛靜，不膠著在仁義禮智的規條中，才能透顯真正的道德。故曰：「上德不德，是以有德；下德不失德，是以無德。」（三十八章）由是把本屬人文修養意義下的道德，往上一提，而賦與其形上先在的根源義。

由上述之思想淵源，可知老子對隱者的行誼，與楊朱的思想，有所承受；對儒家仁義禮智的道德規條，與德化禮治的治道，亦有所批判；由是而轉出了他「尊道而貴德」的形上哲學體系。

㉑ 輔仁大學六十三學年度「中國哲學的精神及其發展」講堂上筆記。

第三節　由地域色彩看

諸子百家既同樣的立身於戰國亂局，且又承自三代以來共有的歷史傳統，何以其開出之政治人生的進路，竟家家不同？此獨特的風格智慧，除天生性向才氣有異之外，必與其身世有關，或可由其成長的地理環境，找到可能的解釋。

《史記》言老子「以自隱無名為務」，其姓氏又三說難定，然對其出身鄉里，卻能言之過詳。謂「楚苦縣厲鄉曲仁里人也」。此馬敘倫先生首疑其說曰：

> 遷之所記，蓋曰相人也，與莊子蒙人、申不害京人者一例。陸氏於《史記》云字聃下，又有「又云仁里人，又云陳國相人」，依陸所見，《史記》本文作陳國相人。㉒

是其鄉里亦有二說，司馬貞《索隱》曰：

㉒引自高亨〈史記老子傳箋證〉，《古史辨》第六冊頁四四一。

苦縣本屬陳，春秋時楚滅陳，而苦又屬楚，故云楚苦縣。至高帝十一年立淮陽國，陳縣、苦縣皆屬焉。㉓

此言二說俱行之因。不管老子是陳國相人，或楚苦縣人，反正皆在當時中原的南方之地。《論語》中的隱者，接輿稱楚狂，當是楚人，長沮、桀溺是蔡人；楊朱有說宋人，另說秦人㉔；莊子是宋之蒙人。足見道家性格的思想家，大多集中於當時之南方。此可能來自地理環境的滋養薰陶，比較富於想像力與浪漫情懷。即以吾國文學史上兩部代表性的詩歌總集而論，《詩經》與《楚辭》正象徵南北地理之分異。此吾人可證諸劉大杰先生的一段話：

《詩經》和《楚辭》在作風上卻有明顯的差異。因為這種差異，劃明了南北文學的界限。其差異的重要性，並不在於篇章的長短與語句的參差，而在於由人事的社會的寫

㉓ 引自前書頁四四二。

㉔ 鄭賓子〈楊朱傳略〉引《莊子・駢拇》成玄英疏云：「楊者，姓楊名朱，字子居，宋人也。」另〈山木〉成玄英疏云：「姓楊名朱，字子居，秦人也。」《古史辨》第四冊頁六六七。

實文學，轉變到象徵的個人的浪漫文學。浪漫的色彩，在《詩經》裡，並不是完全沒有。如〈陳風〉、二〈南〉中的小詩，也孕育著熱烈的感情，但究竟缺乏那種象徵和幻想的質素，終於不能使人感到浪漫文學那種特有的神祕情味。表現個人的歷史和情感不用說，就是一切神鬼巫覡，也都披著美麗的衣裳帶著浪漫的情緒而出現了。我們讀完了《詩經》，再讀《楚辭》，你立刻會感到置身於兩個完全不同的世界：一是我們日常接觸的現實社會，一是富於幻想的神祕森林。

至於何以南方文學獨有此浪漫情調與虛無玄想，劉大杰先生並引各家之說證之：

劉勰云：「山林皋壤，實文思之奧府。屈平所以能洞鑒風騷之情者，抑亦江山之助乎！」（〈物色〉）

王夫之云：「楚，澤國也。其南沅湘之交，抑山國也。疊波曠宇，以蕩遙情，而迫之以崟嶔戍削之幽菀，故推宕無涯，而天采矗發，江山光怪之氣莫能掩抑。」（《楚辭通釋・序例》）

劉師培云：「大抵北方之地，土厚水深，其間多尚實際。南方之地，水勢浩洋，民生其地，多尚虛無。民崇實際，故所作之文，不外記事析理二端。民尚虛無，故所作之文，多為言志抒情之作。」

不用說，北方也有言志抒情之作，南方也有記事析理之文，其中的色彩，畢竟是兩樣。試把《墨》、《莊》並讀，《詩》、〈騷〉對比，雖同樣是文，同樣是詩，那情調的差異，不是顯然的嗎？㉕

此言天候地理與自然山水對文學風格有其潤澤助引之功，而在學術思想史上，梁任公以為：

欲知先秦學派之真相，則南北兩分潮，最當注意者也。……北地苦寒磽瘠，謀生不易，其民族銷磨精神，日力以奔走衣食，維持社會，猶恐不給，無餘裕以馳騖於玄妙之哲理。故其學術思想，常務實際，切人事，貴力行，重經驗，而修身齊家治國利群之道術，最發達焉。……南地則反是，其氣候和，其土地饒，其謀生易，其民族不必惟一

㉕《中國文學發達史》頁六三至六四，中華書局，五十一年三月臺六版。

身一家之飽煖是憂，故常達觀於世界以外，初而輕世，既而玩世，既而厭世，不屑於實際，故不重禮法，不拘拘於經驗。

此言玩世厭世，乃出乎其「楊朱之為我主義、縱樂主義，實皆起於厭世觀」之說，任公誤引《列子・楊朱》以說楊朱思想，故有此不相應的論斷。並進一步引證論云：

古書中言南北分潮之大勢者，亦有一二焉，《中庸》云：「寬柔以教，不報無道，南方之強也；衽金革，死而不厭，北方之強也。」《孟子》云：「陳良，楚產也，悅周公、仲尼之道，北學於中國。北方之學者，未能或之先也。」是南北之異點，彰明較著者也。……試觀孔子在魯衛齊之間，所至皆見尊崇，乃至宋而畏矣，至陳蔡而阨矣，宋陳蔡皆鄰於南也。及至楚，則接輿歌之，丈人揶揄之，長沮、桀溺目笑之，無所往而不阻焉！皆由學派之性質不同故也。北方多憂世勤勞之士，孔席不煖，墨突不黔，栖栖者終其身焉。南方多棄世高蹈之徒，接輿、丈人、沮、溺，皆汲老莊之流者也。蓋民族之異性使然也。㉖

此言學派之性質不同，來自地理環境的利用厚生之異。至於所謂「民族之異性使然」，則語焉而未詳。此蕭公權先生論之曰：

老莊生於楚宋，或為殷民之後，此外諸子思想行事之近於道家者，亦多生殷遺民散布之地。

又云：

成王滅武庚後，封之於宋。……莊周如為蒙人，則亦生殷民環境之中，而其本身或亦為殷民。楚雖與殷無密切之關係，然觀周太伯仲雍奔荊蠻，似可推想殷民之不服順者，多以南方為避世之樂土。老聃生於楚之苦縣，其背景殆亦略同莊周之宋蒙，老莊之消極思想，亦正與亡國遺民憤世之心理相合。㉗

㉖《中國學術思想變遷之大勢》頁一七至二三。

㉗《中國政治思想史》頁二〇至二五，華岡出版部，六十年三月再版。

足見此一地域色彩，不僅是天候地理不同，且亦有其歷史傳統之異。隱者、楊朱皆屬南學，《孟子》云：

今也南蠻鴃舌之人，非先王之道。（〈滕文公上〉）

南北學術性質之不同，此亦為一證，許行持明君與民並耕而食之說，正與隱者譏孔子「四體不勤，五穀不分」之意態同，亦有反周文的傾向。

綜結全章，老子的哲學問題，一來自時代背景的挑戰，思以消解政治制度的誤導與統治權力的高張；二來自思想淵源的傳承，由隱者之行誼與楊朱之思想，進一步的在理論上建立其超越的形上根基，並為儒學聖智仁義之道德規條，開拓形上之源；三來自地域色彩的薰陶，天候地理傾向自然浪漫的性格，而殷遺民的憤世孤懷，亦發為反周文之無為思想。如是，大略可勾勒出老子《道德經》的哲學問題。

第三章　人的生命何以成為有限

由宇宙萬象的動變無常，與人生百態的困厄不安，所形成之生命的飄浮與挫折之感，乃是亙古以來就已存在的普遍事實。只是亂世中的人心，印象特別深刻，感受遠為真切而已！老子的哲學問題，雖可還原到其面對的時空背景去把握，透過其承受的歷史傳統去探索，也可落實到其出身的地理環境去追尋；然整部《道德經》，卻未見有祖述「先王之道」或直接由歷史傳統轉出，以鋪陳立論者，而總是超離特定時空的人物事態，對著人類普遍的存在問題發言，隨處顯露其政治人生的睿智洞見。

吾人以為，老子哲學決不是書齋裡的偶發玄思，也不是理性自我的夢囈獨白；問題是，他似乎已把當世的景象與歷代的史實，在他的心智之網中過濾掉，不再有激情狂熱，不見有世俗牽扯，由字裡行間透脫而出的，盡是感受真切、體驗深刻的智珠哲理。

吾國哲學思想，不管是儒家或道家，總是站在人之有限存在的體驗感受，再反省人之生命何以成為有限的問題，並試圖就精神的修養與道德的實踐，去打開即有限而可無限的可能之路。是以，中國哲學的主流重心，不放在這個世界如何生成的宇宙論上；而有限無限的問題，亦不落在神與人之兩層存有上作類比的區分，不管是天人或理氣之本體論的問題，均化為性命才情而內在於人的生命上說。

關於老子哲學之精神旨趣，吾人茲引徐復觀先生的一段話以為證：

老學的動機與目的，並不在於宇宙論的建立，而依然是由人生的要求，逐步向上推求，推求到作為宇宙根源的處所，以作為人生安頓之地。因此，道家的宇宙論，可以說是他的人生哲學的副產物。❶

上述對老學的觀點，大多成立，問題就出在他所謂的「推求」。蓋老子的形上智慧，並非是理性推求而得，而是通過修養實踐之功而開悟體得的。若此義不立，則吾國哲學僅成超然獨立在吾人生命之外的妙道玄理了。

故依吾人的了解，老子的哲學，在跳開了特定時空的藩籬，與歷代史實的拘限之後，其中心思想就集中在探究一個亙古常存的——人的生命何以成為有限——普遍問題上。

❶《中國人性論史》頁三二五。

第一節　心的定執與道的封限

(一)道的超越性與內在性

1. 有與無的兩面相

老子的道德論，無異是儒家的性命論❷。惟老子之道德，已與《論》、《孟》僅由人文修養而開出的素樸義有別，而賦與形而上的先天性格。

首先，吾人先探討道之本體論的意義，對於道，在不可說之中，老子是以「有」與「無」這兩個最普泛的觀念，來說明道之自身的兩面相。《道德經》云：

> 無，名天地之始；有，名萬物之母。(一章)

此章在斷句上，即有了爭論。依河上公本與王弼本，是在無名有名處斷句，而下文「故

---

❷ 前書頁三三八。

常無，欲以觀其妙；常有，欲以觀其徼」，亦於無欲有欲處斷句。至司馬溫公、王安石、蘇轍始改以有無為讀❸。持前一說的理由，在此句經文承自「道可道，非常道；名可名，非常名」之反省名言概念以形容形上之道的限制，故於無名有名處斷句，較為順當，且《道德經》中另有「始制有名」（三十二章）、「道隱無名」（四十一章）與「常無欲，可名於小」（三十四章），可資參證。此說未免牽強，蓋《老子》開宗明義，雖涉及名言概念對形容道體的限制，而其主題畢竟不在名言，而在道體。此句經文旨在通過不可道不可名之反省歷程，思以突破語言概念之抽象固定的限制，以烘托出非認知所對的真常之道來。故重點不在無名有名的討論，而在以「無」與「有」這兩個非「指事造形」的觀念，來表顯道的雙重性。以道無定體、無分限，而不可表詮故。

且《道德經》亦自有「無」與「有」成一獨立觀念出現者，如「天下萬物生於有，有生於無」（四十章），《莊子‧天下》評述老子思想，亦謂「建之以常無有」，不管是指「常無」、「常有」二者，或「常」、「無」、「有」三者，反正無與有，皆可自成一獨立的觀念。抑有進

---

❸魏源《老子本義》頁一云：「無名無欲四句，司馬溫公、王安石、蘇轍皆以有無為讀，河上公諸家皆以名字欲字為讀。」華聯出版社，六十二年五月出版。

者，《道德經》中卻未見有「有欲」連言者。此中無以自解的困難，當在「有名」既有形，是則與萬物幾無以異，又如何能成為萬物之母？且心既有欲而不虛靜，又如何能直觀道的終物之徼❹？故此一斷句，在理上反增轉折困惑。此牟宗三先生言之曰：

依此解，則經文似當為：無名時，道為天地之始；有名時，道為萬物之母。須加「時」字，並須補一「道」字為主詞。而無名時有名時，則指天地萬物說。如是，不直接自「無名」成立「無」一概念，即以「無」為道，以為天地之始，而道需外補，落在經文之外。當然，亦不自「有名」形成「有」一概念，以為萬物之母。有名有形之時，即物也。如是，有與物為同一，並無分別。結果，只是有（物）與外補之道（無）之兩層。❺

❹ 嚴靈峰先生《老子達解》頁八云：「且《老子》書中，多言『無欲』，除此處外，無有以『有欲』連文者。況老子以致虛守靜以觀萬物反復，而『有欲』則不虛靜矣，又豈可『觀徼』乎？」此牟宗三先生《才性與玄理》，解有欲為向性之有，可消除此一困難。

❺ 牟宗三先生《才性與玄理》頁一三一，人生出版社，五十九年六月再版，香港。

王弼主貴無論，故將「有」推向物邊，「有」既有名有形，自不能成為萬物之母，故僅成道之無與物之有兩層。此一困難，在面對「天下萬物生於有，有生於無」時，更是說不通。此章明言萬物、有與無，是為三層，有生於無，尚可解為有生自無，而「天下萬物生於有」，王弼注既已將「有」定死在有名有形之萬物上，故「生」只得別出歧義，取消其「生自」義，而轉為「物之自生」義❻。

吾人今將「無，名天地之始；有，名萬物之母」，與「天下萬物生於有，有生於無」，並列比觀，是則無與有、天地與萬物的層次問題，又將如何安排？或謂：道是無，此一層；天地是有，再一層；天下萬物，又是一層。若作此解，固可避開王弼注的困難，而上述兩章亦可兼全而不矛盾。如是，「無」，是天地之始，也就是「有生於無」；「有」，是萬物之母，也就是「天下萬物生於有」。問題是，《道德經》又云：

天下有始，以為天下母。（五十二章）

---

❻ 前書頁一三二。

此言始與母，雖一是根源義，一是生成義，然老子卻將二者視為一體。就道的關涉天地萬物而言，總持的說始，散開的說母。由是而言，老子的宇宙論，不是獨立的或純粹的宇宙論，而是連著本體而言的宇宙論。將此章與首章對看，則知天地之始的無，與萬物之母的有，都是指道說。無與有，不能一是道的無，一是天地的有，故將無、有（天地）與萬物視為三層，並非是毫無問題的。如是，仍以兩層區分，較為切當合理。惟此與王弼之說不同，王弼注是道（無）與萬物（有）之兩層，此則道（亦無亦有）與物之兩層。

若此說成立，有與萬物既層次分明，故「天下萬物生於有」，已不成問題；而有與無，同指謂道，則「有生於無」，又如何得解？道的生成作用，有之實現原理，乃由道的「無」來。有就「用」說，無就「體」說，體用是一，而不能是二。此熊十力先生云：

船山解《易》有太極，是生兩儀之生，謂發現之謂生，非產生名生，義最精當。老子道生一云云之生，亦同此解。……太極即道之異名，兩儀，陰陽也。夫太極發現為兩儀，是謂即體成用。❼

---

❼《十力語要》卷三頁一三，廣文書局，六十年四月再版，臺北。

順熊先生之理路言之，「有生於無」，正是「即體成用」之意。是故，無與有之分，在顯道之本體論的意義來說，僅是方便的，就道體的自身言無，此總持的就天地說始，就道體的關涉天地萬物言有，此散開的就萬物說母。無是往後翻越以顯本，有是向前推出去成就萬物❽。

此吳師經熊言之曰：

道是無，也是有。無就是形而上，有就是形而下。道是超乎有無，而兼攝有無的。……道永遠是形而上的，可是我們不要忘記他「有名萬物之母」。在他的胎中，孕育著大地萬物。❾

此自道的超越義言無，自道的內在義言有，自本體論的意義言無，自其本體之關涉萬物言有。惟此既謂「道」永遠是形而上的，又謂「有」是形而下，並非矛盾，而是意指形而上

❽參考牟宗三先生臺灣大學六十六學年度「魏晉玄學」講堂上筆記。
❾《哲學與文化》頁七〇至七一，三民書局，六十年四月出版。

的道，一方面是超越的無，一方面是內在的有，他的胎中就孕育著形而下的大地萬物。

無與有，皆就道說。故《老子》云：

此兩者，同出而異名，同謂之玄。玄之又玄，眾妙之門。（一章）

此兩者，就是無與有。雖名號有異，卻同屬道的兩面相。道既無而不滯於無，是雖無亦有；既有而不定於有，是雖有亦無。老子即由此雙向圓成而說玄，玄就是代表道的雙重性，是超乎絕對與相對的，也就是道的圓成作用。此牟宗三先生言之曰：

道有兩相，一曰無，二曰有。無非頑空，故由其妙用而顯向性之有。有非定執，故向而無向，而又不失其體。自其為無言，則謂之始，自其為有言，則謂之母。實則有無渾圓為一。渾圓為一，即謂之玄。有無之異名是由渾圓之一關聯著始物終物而分化出。故曰同出而異名。[10]

---

[10] 《才性與玄理》頁一三六。

此亦從道之兼攝有無說玄，若僅言無，道就沒有內容，成為無物的掛空之道，若只言有，萬物就失落其根源，成了道死的無根之物。故玄即道之始物之妙與終物之徼的圓成作用。眾妙萬有，就在此一「玄之又玄」的圓成作用中生發出來，故謂「玄之又玄，眾妙之門」。

吾人再印證《老子》另一章：

谷神不死，是謂玄牝。玄牝之門，是謂天地根。緜緜若存，用之不勤。（六章）

谷神之所以不死長存，依「神得一以靈，谷得一以盈」（三十九章）之說，是以其得一之故，始得虛而能容，神以應物。此一就是「有，名萬物之母」與「天下萬物生於有」的「有」，是天下萬物，就在道之有的作用中發現生成，故有就是玄牝。而玄牝之門，就是「無，名天地之始」與「有生於無」的「無」，是天地的根源就在道之無的綿綿若存，永不衰竭的無限妙用中，故謂「玄牝之門，是謂天地根」。

2. 由超越而內在

無與有，是道的兩面相。以無言道之自體，以有說道生成萬物的作用。故對天地萬物而言，道是既超越而又內在的形上實體，道不即亦不離萬物。《老子》云：

大道氾兮，其可左右，萬物恃之而生而不辭⓫，功成不名有，衣養萬物而不為主。（三十四章）

此言道無所不在，不自外於萬物，就在吾人生命的周遭，以生養成全萬物，故由此而說有；然道又不是現象之一物，是「視之不見，聽之不聞，搏之不得」，是無聲無臭，無形無名，而完全超乎吾人的感官經驗之外，故由是而言無。然無不是邏輯的否定之無，亦非抽象的死體，故以妙狀其具體而真實的無限妙用⓬。是從超越性言無，由內在性說有，無言其體，有言其用。道是以其實現原理，內在於天地萬物。就道之在其自己而言，《老子》云：

道隱無名。（四十一章）

道常無名，樸雖小，天下莫能臣也。（三十二章）

⓫ 易順鼎曰：「《文選・辨命論》註，引作『萬物得之以生而不辭』，又引王注云：『萬物皆得道而生。』則今本『性』乃『得』之誤。」引自《老子達解》頁一四七。

⓬《才性與玄理》頁一三三。

無名之樸，夫亦將無欲。（三十七章）

道自隱於無名無形之境，這一無名無形，老子謂之樸，故可謂道之常，就在無名之樸中。此無名之樸，即「此三者不可致詰，故混而為一」（十四章）與「有物混成，先天地生」（二十五章）的混成之一。這一超越義的道，吾人乃通過無來了解，而以無表之。然道不能滯死於無，故以其用生化萬物。故《老子》云：

樸散則為器。（二十八章）

失道而後德。（三十八章）

吾人試將上述二語，當作存有論的語句加以考察，樸之散，猶道之失，樸之散落而為器，猶道之下貫而為德。也就是說，就道之混然自成說樸，而道之樸一落實於萬物之器，而為其存在本質就是德。此徐復觀先生云：

道與德，僅有全與分之別，而沒有本質上之別。⓭

此說有待修正，道是超越之體，德是內在之用，道是無，德是有，道以其實現原理，內在於萬物。此一生化作用，周流遍在，就是萬物所得自於道的德。再細加簡別，德就個別體說，玄德就整體言。此《老子》云：

生而不有，為而不恃，長而不宰，是謂玄德。（十章）

此玄德之有別於德者，就在全與分，全者不為器所限定，故謂之玄德。是全與分之別，當在玄德與德，而道與德之別，就在一超越、一內在之分。故《老子》云：

道生之，德畜之。（五十一章）

此道之所生，與德之所畜者，皆指天下萬物。是由根源之始言，是道；從生成之母言，是德。而「無，名天地之始；有，名萬物之母」，故道是無，而有就是道下貫的德。也就是

⓭《中國人性論史》頁三三八。

說，道之生化萬物，是以德之內在的方式，以畜養成全萬物。故曰：

道之尊，德之貴，夫莫之命而常自然。（五十一章）

《老子》又云：

道生一。（四十二章）

天得一以清，地得一以寧，神得一以靈，谷得一以盈，萬物得一以生，侯王得一以為天下貞。（三十九章）

道生一，即有生於無。天得一以清，地得一以寧，即天下萬物生於有。由是言之，一是有，是道的生化作用。散開的說，天之清、地之寧、神之靈、谷之盈、萬物之生、侯王之為天下貞，乃天地之所以為天地，神谷之所以為神谷，萬物之所以成其為萬物，侯王之所以成其為侯王的存在本質；總持的說，凡此之存在本質，皆是天地、神谷、萬物、侯王所得自於道的德，故一就是有，也就是德。

3. 道法自然

吾人探討道之本體論的意義，必得面對另一個大問題，那就是由「道法自然」牽引而出的，道在《道德經》的思想體系中，是否為最究極的存在，還是道之上，另有一層所謂的「自然」？

吾人試看，《道德經》開宗明義即云：

> 道可道，非常道；名可名，非常名。（一章）

此以遮撥而非表詮的方式，對可道之道與不可道之道，作一超越的區分。從道之在其自己的超越性而言，是不可道不可名的；惟吾人對道之內在於吾人生命之中的作用，是可以有所體會證得的。吾人若試圖對此有所言說，惟有通過無與有之非「指事造形」的觀念，來顯明道之既超越又內在的雙重性格。故道不能僅是有，而把無另歸之於道之上的一層自然⓮。此吾人再看《老子》另章所云：

⓮參見嚴靈峰先生《老子達解》頁一〇三至一〇四「道法自然」條。

人法地，地法天，天法道，道法自然。（二十五章）

此一上下之層次關係，必得先加衡定。吾人前已析論無、有與萬物之兩層與三層的區分，今若將道法自然，當作道之上另有一自然的層級，則人、地、天亦各一層，是則轉成五層之說矣。且呆板的強作此解，則「無，名天地之始；有，名萬物之母」轉成不可理解，無既是自然，何以跨過道的這一層級，而為天地之始？而有是道，又何以跳開天地之二層級，而直接為萬物之母？

在《道德經》中，天地有時代表天道的作用，有時卻與萬物不可分，前者如「天長地久」（七章）、「天地不仁」（五章），皆指天道的作用；後者如「天地尚不能久」（二十三章）、「無，名天地之始」（一章），皆為天地萬物的泛稱。故牟宗三先生疏解王弼首章注云：

天地為萬物之總稱，萬物為天地之散說，天地與萬物其義一也，只隨文而異辭耳。⓯

⓯《才性與玄理》頁一三〇。

故吾人實不能僅據此章，即斷然在存在之層級上，強加疊架而成，此一「法」字，最好一如王弼注，當作「不違其法則」解：

人不違地，乃得全安，地不違天，乃得全載，天不違道，乃得全覆，道不違自然，乃得其性。⓰

人之成全得安，就在於不違乘載其存在的地之法則，地之成全得載，就在於不違遮覆其存在的天之法則，天之成全得覆，就在於不違賦與其存在的道之法則。問題是，什麼是道的法則？道的法則又何自來？總不能再無窮往上追溯了。道之所以是道，就在於它是它自己存在的理由，也是天地萬物存在的理由。自然，是對他然而言，意謂非依他而立，或有待於外的。故道法自然，就是道不違其自身之作為一切存在根源的法則。此章之層層相屬，重點不在存在等級的劃分，而在直接指稱，人生於此世，不可能逃離大地的乘載、上天的遮覆，與「天長地久」之所自來的道的法則。而此一法則無他，自然而已。《老子》言域中有四

⓰《老子王弼注》頁一三。

大，云：

故道大，天大，地大，人亦大⑰。（二十五章）

此中王弼注雖另有以域為無稱之大，而以道為稱中之大，故下與天地人皆在無稱之內的玄義⑱；然此一玄義，實為不必要的歧出。蓋《老子》既謂「吾不知其名，字之曰道，強為之名曰大」（二十五章），是則道之為名，即不可名之名，此一如無與有，均非生乎客觀形狀的定名，而是出乎主觀涉求的稱謂⑲，當即無稱之大，何以限之於稱中之大，而另立一

---

⑰嚴靈峰先生《老子達解》頁一〇三云：吳承志曰：「據大部：『大，天大，地大，人亦大；故大象人形。』許所據古本，『王』作『人』。證以下文『人法地，地法天，天法道』，作人是矣。」另范應元本、傅奕本「王」並作「人」，當據改。

⑱同⑯。

⑲王弼〈老子微旨例略〉云：「名生乎彼，稱出乎我。……名號生乎形狀，稱謂出乎涉求。……故名號則大失其旨，稱謂則未盡其極。」《中國哲學史資料選輯》魏晉、隋唐之部頁三一一至三一二，九思出版公司，六十七年九月臺三版，臺北。

「域」之大？此一如道之兼攝有無，並超乎有無，其本身就是玄，然王弼注卻別起「不可以定乎一玄而已，則是名，則失之遠矣」之義⑳。此雖志在掃除觀念之定滯而起之遮撥的辯證，然亦足見王弼注的玄理，畢竟太黏著於名言概念的辨析了。是以依吾人之見，此域中有四大之說，亦僅旨在說明天地之所以為大，人之所以是大，就因為道之大，已內在於天地萬物；或是道之大，就在天地之大與人之大中顯現。而非意在四大之上，另立一「域」之大。

吾人再引《道德經》中談及自然的篇章以為證：

> 功成事遂，百姓皆謂我自然。（十七章）
>
> 希言自然。（二十三章）
>
> 道之尊，德之貴，夫莫之命而常自然。（五十一章）
>
> 以輔萬物之自然，而不敢為。（六十四章）

凡此各說，皆未以自然為一實體。且道既為獨立不改，此獨立就是不依他而自在之意。

⑳《老子王弼注》頁一。

故道法自然，道之上並未有一「自然」之更高的形上實體在。《老子》又云：

功遂身退，天之道。（九章）

將此章與十七章對看，可知百姓皆謂我自然，即是合乎天之道，是自然乃天道之性。此牟宗三先生疏解王弼注云：

法自然者，即道以自然為性，非道之上，復有一層曰自然也。[21]

道之所以尊，德之所以貴，就在道德之體用一如，它的自身，就是它自己存在的法則，而未有一超越其上而決定其存在者，故曰「莫之命而常自然」。就由於道是一自然，是則萬物所得自於道的德，亦是一自然，故為政者，僅是「處無為之事，行不言之教」（二章），順物之自然，輔助萬物之自生自長，自在自得，而不敢有為。此之謂「希言自然」。由上言之，自

[21] 《才性與玄理》頁一五三。

然是道的存在之性，而不是道之上另有一更高的實在。

此道之自然義，《老子》又有一「正言若反」的遮撥辯證：

> 天地不仁，以萬物為芻狗；聖人不仁，以百姓為芻狗。（五章）

老子的哲學問題之一，就在為儒學之聖智仁義的道德規條，作一根本的反省。儒家「人能弘道」之道，是人文化成而開出之道，「德之不修」的德，是人心修養而有得之德，此人所志之道、所據之德，皆依於仁之有心。此有心之仁，若不能致虛守靜，通於外而發為聖智仁義，可能成為一主觀獨善的道德規條，而經由政治之有為，強加在天下人民的身上，形成一外鑠的束縛；且本此心之仁，往上投射用以規定天道的本質內容，而以其為大德生生之仁。凡此皆出乎人之有心有為，而非莫之命而常自然之道尊德貴的素樸本來。故《道德經》上篇開首即曰：「道可道，非常道；名可名，非常名。」下篇開首即曰：「上德不德，是以有德；下德不失德，是以無德。」（三十八章）可道者，是人為規定之道、人文化成之道，非道法自然的真常之道；不失德者，是人為求得之德、人心修養之德，非上德不德的自有之德，而為下德。故一者曰天地不仁，二者曰聖人不仁，同時辯破儒家之有心有為，而歸於自然之道、本有之德的素樸自在。

由此一了解，吾人始知老子何以多出「絕聖棄智」、「絕仁棄義」的激烈語，其用心亦僅在解消人為有心，而歸於虛靜無為而已！通過此一了解，對《老子》如下所云，也始有一相應的了解：

失道而後德，失德而後仁，失仁而後義，失義而後禮。（三十八章）

這一段話，據方東美先生云，敦煌本為：

先道而後德，先德而後仁，先仁而後義，先義而後禮。㉒

《韓非子．解老》所引，亦與王弼本有異：

㉒ 輔仁大學六十三學年度「中國哲學的精神及其發展」講堂上筆記。

失道而後失德，失德而後失仁，失仁而後失義，失義而後失禮。㉓

敦煌本與《韓非子・解老》，較能避開不必要的誤會。若依王弼本，則仁義禮竟成道德墮落之後的產物，如是反見老子對儒家根本未有如實的了解。若依敦煌本與〈解老〉所云，則這一段話重在指稱道德的先在性，而為儒家之仁義禮開拓形上之源。也就是說，仁義禮的道德規條，若不能由形上之道與其內在之德的價值根源流下的話，其生命的活泉必漸告乾涸枯竭，而陷於僵化扭曲。依吾人之見，儒道兩家的形上結構，大略等同，老子之道，即儒家之天，老子之德，亦即儒家之仁心良知，何以老子竟謂「失德而後仁」，這一說詞，衡諸兩家之形上結構而言，自有欠公允，而非儒家所能心服接受。惟依老子之思路，「失德而後仁」仍可成立，以德為素樸無心，虛靜自然，仁則有所不安，有所不忍，而有心有為矣。依老子的反省，人的生命所以成為有限，其轉關癥結，就在人的有心上，尤其是當政者的有心自為上。

㉓ 陳啟天《增訂韓非子校釋》頁七二六，商務印書館，六十一年四月二版。

㈡心的定執與道的封限

超越之道體，以其實現原理內在於天地萬物。是道之無限性，亦內在於吾人生命之中。此即人之所得自於道的德。故《老子》云：

> 道之尊，德之貴，夫莫之命而常自然。(五十一章)

是人之所以為人，就在由道之尊而來的德之貴，而此一人人有貴於己者的德，就在道自身的法則中，自然而有，而無須外求。《老子》又云：

> 道大，天大，地大，人亦大。(二十五章)

是人的生命，本在道之大的生養化成中，而直與天地同其大，何以人的生命總會掉落在有限的困境中？依《老子》之說，「大道氾兮，其可左右」，道是無所不在的，何以竟謂「大道廢，有仁義」(十八章)與「失德而後仁」？且「獨立不改」的大道，是「周行而不殆」

的，是大道不自廢，德亦不自失，此中之緣由，是「智慧出，有大偽」所致，也就是起於心知的定執，而造成道體的封限之故。

《老子》以為「道常無名樸」，真常之道的存在形式，在其自身而言，是無名之樸，惟在其關涉天地萬物而言，則「樸散則為器」，眾妙萬有，於焉展現。有形散殊，品狀各異，物我之間，不得不「任名以號物」㉔，此之謂「始制有名」（三十二章）。名定而有別，別分而起執，執取則有為妄作，是則智出偽起，樸散而成器，道廢而德失矣。《老子》云：

道可道，非常道；名可名，非常名。（一章）

上德不德，是以有德；下德不失德，是以無德。（三十八章）

道非現象之一物，固非官覺之所對，而抽象而得的概念，亦名以指實，有所限定，亦不足以形容道體。蓋道非抽象的死體，而是有具體內容的真實存在，故出以心知的定執，對道體強加形容規定，是則無限的道體，就在心知的執取中隱退不見了，就在名言概念的界定中

㉔《老子王弼注》頁一八。

被封閉定著，而成為有限，此之謂道的封限。由是可知，對道體的認識，官覺經驗固告落空，理性思辨亦屬無效。

人心去「可道」，人心求「不失德」，可道就是以為可用名言概念去規定道的內容，不失德就是樹立了主觀的價值標準，而責求人人去執取求得。此一人心的認知執著，劃分界域，正是人的自我封限，反成為人與道之間的障隔，而不能有直接的契合，與全面的把握，人的生命即由是而掉落在人心自畫的限界中，成為框框裡的人。是則，道非常道，德為無德了。《老子》云：

> 天下皆知美之為美，斯惡已。皆知善之為善，斯不善已。故有無相生，難易相成，長短相較，高下相傾，音聲相和，前後相隨。（二章）

人本來活在一個渾然天成之素樸自然的天地中，心一認知，判定什麼是善，執取什麼是美的時候，則醜陋的、不善的概念，亦相對而生，人由是把自身推入一個人為心執的相對世界中。有無是相對而生，難易是相較而成，長短是相形而有，高下是相傾而立，前後是相隨而分，此非存有的本然，而是出於心知的定執而有㉕。若能識得此義，即知以老子哲學為相對主義，是不相應的了解。

惟此一認知上的相對區分，老子進而落在價值論上加以反省。蓋心知既認定何者是美，何者為善，則此一美善，已成人的價值標準，人的生命一投入而定著此中，則人間世更高的美善，反為之斷落而成不可能。且此一認知分異，並無客觀性與必然性，而僅是人心一時的主觀產物，對人心的虛以應物說來，是一負累定限，對生命的素樸自在說來，是一枷鎖束縛。故曰：

唯之與阿，相去幾何？善之與惡，相去若何？（二十章）

禍兮福之所倚，福兮禍之所伏，孰知其極，其無正！正復為奇，善復為妖，人之迷，其日固久！（五十八章）

此言唯阿善惡之間，僅是方便假立，並非本質上有異。故此間差距，不是實在，而為心

㉕ 嚴靈峰先生《老子達解・自序》頁七云：「『有無相生』、『有生於無』，這是指明無能生有。」此說有待商榷。

知的執取幻象。此一規格界限，既來自人心的主觀認定，故時空背景轉移，立場心態變異，正奇可以互轉，善妖可以對變，而福禍亦可相倚相伏。由是《老子》故云：

以正治國，以奇用兵，以無事取天下。（五十七章）

治國本乎正道，用兵則出以奇變，取天下則當自然無為，此亦角度用途的轉換而有的不同，故謂相去幾何。而可歎的是，一般世俗不知此中的究竟，亦不知善惡美醜的價值定位，根本就沒有恆常的標準可言㉖，是所謂「人之迷，其日固久」。

此一心執情迷，乃生命有限困頓之所自來。故曰：

天下多忌諱，而民彌貧；民多利器，國家滋昏；人多伎巧，奇物滋起；法令滋章，盜賊多有。（五十七章）

㉖王淮先生《老子探義》頁二三三云：「極，究竟也。」頁二三四云：「正，貞也，定也。」商務印書館，六十六年十月四版。

此中忌諱法令，出乎政刑有為；利器伎巧，來自人心自執，而推其原，人心自執，乃起於政治的誘導。故曰：

天下神器，不可為也㉗。為者敗之，執者失之。（二十九章）

天下萬物本在道之自然法則的無限妙用中，故謂天下神器。此一神妙的組合，非人力所能介入參與，故曰不可為也。為政者一有為，則天下人民必起而執之，如是，則奇物滋起，盜賊多有，民因彌貧，國亦滋昏矣。故曰：

故物或行或隨，或響或吹，或強或羸，或載或隳。是以聖人去甚，去奢，去泰。（二十九章）

在為政者之有為下，民心亦為之起執，上之或行，即有下之或隨，故聖人去甚，去奢，

㉗易順鼎曰：「『不可為也』下，當有『不可執也』一句。」引自高亨《老子正詁》頁六七。

去泰，而歸於無為、好靜、無事、無欲，使民自化、自正、自富、自樸。

㈢情識的纏結

人心所能把握的道，是為可道，而非常道，道已在心知所可中，被定住而隱退封藏，萬有眾妙亦在名號的界定規格中，僅成形式上的是什麼，而不再是有內容意義的真實存在，並由物我相對的認知意義，轉為價值定位的規範意義，因而引起社會的風尚，與人心的拘限。此一心知的定執，在自我生命的投入滯陷，與社會價值的奔競爭逐中，遂轉為情識的纏結了。

在道的素樸無為中，渾然自成的自然天地，一者由心知的定執，而成「始制有名」，開出一概念的世界與人文的社會；二者在「樸散則為器」的散落化成中，亦「化而欲作」，此萬物的自生自化，亦漸離本來之素樸，在形軀生理的牽引中，欲求漸露。惟此一「化而欲作」，尚留在自然順遂的階段，雖欲求漸露而猶未構成大病，若與「始制有名」一碰觸交接，則人的生理本然，在心知的介入下，被強化助長，轉成情識的纏結，生命本真即被拉引而去。故《老子》云：

> 是以聖人之治，虛其心，實其腹，弱其志，強其骨。（三章）

實腹強骨，即回歸到原有之生理本然的順遂中，虛心弱志，即取消人心對自然生命的干預與牽引。《老子》云：

不尚賢，使民不爭；不貴難得之貨，使民不為盜；不見可欲，使民心不亂。（三章）

賢德與難得之貨，或來自人之精神涵養，或來自物之天生自然，老子實無鄙棄拋離之理。此中老子所試圖批判的，不在賢與難得之貨的自在自得，而在君王有心推助的崇「尚」與尊「貴」。此政治人為的「始制有名」，介入了本屬自然的「化而欲作」中，必引發天下人民競逐名號與爭奪財貨之風。權位之名、財貨之利，已走離素樸之欲的本然，而轉為人心渴望求得的可欲了。若為政者別有用心，是則天下才士亦盡入其彀中矣。故君王「尚」與「貴」的誤導，在民心形成所「可」的執取，順此而下，求民之不爭不為盜，實不可得，且在患得患失的紛擾下，民心勢必為之大亂了。故又曰：

馳騁畋獵，令人心發狂；難得之貨，令人行妨。（十二章）

心亂之極，則為心發狂，爭而為盜，即為行妨。此就政治之反省言，就是「民多利器」、「人多伎巧」，雖「天下多忌諱」、「法令滋彰」，然在「奇物滋起」之際，盜賊亦不免多有，國家亦不免滋昏了。再就人生而深加反省，一投入而滯陷此中，則：

甚愛必大費，多藏必厚亡。（四十四章）

寵為下，得之若驚，失之若驚，是謂寵辱若驚。（十三章）

此所甚愛，並求以多藏者，皆屬外在的權位財貨；而所大費，且不免厚亡者，卻是吾人生命的本真。為了此等身外物的虛名妄執，竟付出了生命自我的重大代價。故《老子》云：

名與身孰親？身與貨孰多？得與亡孰病？（四十四章）

所得者僅為君王假立的名位，與在生命之外的利貨，所失者卻是人的自在自得。再進一步說，此一求寵的本身就是辱，就是卑下。以不管是得是失，都是依他而定，而自身不能自主，故寵辱之來，不免有患得患失之心，則生命自我恆掉落在驚恐憂疑之中，此非卑下而何！

《老子》另云：

為者敗之，執者失之。是以聖人無為故無敗，無執故無失。（六十四章）

聖人之治，不求有為自重，不起獨斷妄執，始能無敗無失。而天下人民若有知有欲，爭逐為盜，其禍咎之來，又何止是束縛加身、煩惱自尋，必致遺身殃而後已！

由上言之，人的生命本有其道生德畜的尊貴，而可與天地同其大。奈何一者由於政治人為的「始制有名」，二者由於自然生命的「化而欲作」，二者之碰觸交接，人心介入了生理的本然。此其結果，一者心知的定執，道為之封限不見；二者並由心知的相對認知，轉為價值的定位規準，在政治的誤導下，人的生命一投入，遂滯陷此中，而構成情識的纏結，人的生命由是而成為有限。

第二節　物壯則老與不道早已

(一)反者道之動，弱者道之用

1.反者道之動

上節所論，是為道之本體論的意義，此節則進而探討道之宇宙論的意義。也就是說，不專就道之自身的超越性說，而偏向道之關涉天地萬物的內在性說。就道之無的超越義而言，道是不可說的，吾人求以言語概念以形容道體，則道適在吾人心知的執取中，成為可道，常道即由是而告封限隱藏。是人之生命所以成為有限，乃來自人心的畫地自限，故重在心執與由其牽引而出之情結的消解。就道之有的內在義而言，則道是可以體會契悟的，吾人致虛守靜，即可由自知而知常，在道的運行與其發用中，以見其變中之常，由是而尋求回歸素樸，順應自然之道。是人的生命所以成為有限，乃來自人的走離素樸，求強妄作。

道之關涉天地萬物，《老子》分由兩方面言之：

反者道之動，弱者道之用。(四十章)

此言道的運行軌道在反，而其顯現發用的存在樣態是弱。道的生成萬物，就在它回返它自身的和諧作用中，此之謂天下萬物生於有；而道之所以能成此大用，就在其自身的虛弱，此之謂有生於無。老子哲學，於道之「無」與「有」的兩面相說玄，並以虛言無，以和言有，由虛以生始物之妙，由和以成終物之徼。「弱者道之用」，所謂的「弱」就在其虛；「反者道之動」，所謂的「反」就在其和。請先說其所謂之「反」。

吾人若僅由「反者道之動」這一語句，作一孤立的省察，實不知其究何所指。惟《道德經》言「反」者，尚有如下數條：

有物混成，先天地生。寂兮寥兮，獨立不改，周行而不殆，可以為天下母。吾不知其名，字之曰道，強為之名曰大。大曰逝，逝曰遠，遠曰反。（二十五章）

玄德深矣，遠矣，與物反矣。然後乃至大順。（六十五章）

正言若反。（七十八章）

此中「正言若反」，是以負面的表示以呈顯正面的意義，不正面說是什麼，而僅負面說不是什麼，也就是不以表詮，而出以遮詮，以遮撥的辯證，消解名言概念的定限，在不可說之中，以達到對道有所說的目的。故此一反字，說的是其表達方式，而非指道之運行的軌道律則。

「有物混成」與「道之為物」（二十一章）的「物」，皆屬「存在」之意，是上述二語猶言「有一渾然自成的存在」，與「道這一存在的形式」。若膠著字面上的意義，必將道定著在有之物上㉘。「先天地生」，言其先在性，「獨立不改」，言其自存性，「周行而不殆」，言其遍在性，「可以為天下母」，言其實現性。此一道體是不可名的，故曰字之曰道，再強為之名曰大。以道言之，取其為萬物所共由之意，而大乃吾人所能言中之最大者。然既強為之名曰大，則大亦是一名，名已有其定限，故通過「大曰逝，逝曰遠，遠曰反」之層層辯證，加以遮撥，以掃除觀念之定滯。同時，亦表道之一往前行（大曰逝），與無遠弗屆（逝曰遠），此即「周行而不殆」之意；然不管其如何奔行遠引，道仍是道，此即「獨立不改」之意。「反」者所指者何，非相反相生之意，而是指返歸其自身，不離其自身之謂。如是已屬「道法自然」的究極之義，故此一辯證歷程，至「反」即止。

㉘ 嚴靈峰先生《老子達解・自序》頁五云：「老子的道是『有』，而不是『無』。」又云：「道為混成之『物』。」

再說所謂的「玄德」，德是天地萬物所得自於道的存在本質，惟此一道內在於天地萬物的生成作用，就個體說德，就整體說則謂玄德。玄德，就是深遠而不可知的道之作用。萬物不論其如何生滅變化，皆在這一作用的規範中，決不能逸出道的軌道，逃離道之動的自然法則。也就是永遠在整體之道的均衡和諧中，這就是所謂的「大順」。「大」是道的強為之名，「順」則是自然的均衡和諧。

《老子》言「反」，又言「復歸」。《老子》云：

> 繩繩不可名，復歸於無物。（十四章）
>
> 萬物並作，吾以觀復。夫物芸芸，各復歸其根。（十六章）
>
> 常德不離，復歸於嬰兒。……常德乃足，復歸於樸。（二十八章）
>
> 見小曰明，守柔曰強，用其光，復歸其明。無遺身殃，是為習常。（五十二章）

「繩繩不可名」，依王淮先生的考據，云：

> 拙作「繩繩者」引高鴻縉先生《中國字例・象形篇》：玄，即「繩字之初文」之說，

證明「繩繩」即「玄」。「繩繩兮不可名」，即「玄玄兮不可名」。蓋道體虛無，玄之又玄，故曰：「玄玄兮不可名，復歸于無物」也。㉙

此說甚是，將本章與前引之「玄德深矣，遠矣，與物反矣」對看，「繩繩」，正是指「玄德」的作用；「不可名」就是「深矣遠矣」；「復歸於無物」，就是「與物反矣。然後乃至大順」。此「復歸」就是「反」，「無物」就是道的自然法則，也就是道的均衡和諧。而「常德」就是萬物得自於道的恆常之德，人不自離其常德，其常德自足，當下即復歸於道的素樸自然，與其具體人格之表徵的嬰兒之境。由是而言，萬物芸芸化成，均復歸到其存在根源的道之作用中，此之謂「各復歸其根」，且在「吾以觀復」中，自有其見小之明，然吾人「用其光」，可能入於「智慧出，有大偽」之危，故尚要把此一突起的理性之光，還歸為道體之明照，此即「和其光」（四章）與「光而不燿」（五十八章）之意。

概括上述，所謂「反者道之動」，就是道的運行，其軌道恆復歸於其自身的法則，更確切的說，道的軌道，從不離其自身的生化作用，此正是「道法自然」之謂。老子由此言「反」，

㉙《老子探義》頁五七。

亦由是而言「復歸」。

惟此說僅是形式的意義，對於「反」與「復歸」的內容，仍未有進一步的說明。依個人之見，老子所謂「反」與「復歸」的原理，就在其作用之「和」。《道德經》言「和」之篇章，有底下數條：

道生一，一生二，二生三，三生萬物。萬物負陰而抱陽，沖氣以為和。（四十二章）

含德之厚，比於赤子。……骨弱筋柔而握固，未知牝牡之合而全作，精之至也；終日號而不嗄，和之至也。知和曰常，知常曰明。（五十五章）

和大怨，必有餘怨。（七十九章）

此中，「和大怨，必有餘怨」，言物我之間，關係破裂之後，再求有以和解彌補，已難以回復其初之渾然自在。以是告誡天下人，根本的和解之道，就在不自起怨懟之心，而非大怨已生，再求消解補救。是此一和字，並非專指道的作用之和。

所謂「道生一」之「生」，仍是發現義，是即體顯用的生，是以其實現原理化成萬物的生。道生一，依前節解析，一就是道之德，道之用，也是道之有；一生二，此一實現原理，發用為二，就是天地的交感和合。故《老子》云：

天地相合，以降甘露。（三十二章）

在天地交感的均衡和諧中，湧現了生命的甘泉活水，此一和合的生化作用，就是三。萬物就在這一「和」的均衡中生養化成。

此吾人再證之以《老子》另章所云：

歸根曰靜，是謂復命。復命曰常，知常曰明。（十六章）

歸根，就是各復歸其根；復命，也就是回到生命的本根。而萬物之生命的本根，就是得自於道的常德，人能自知此常德，就是「自知者明」（三十三章）與「知常曰明」的「明」。然《老子》又云：「知和曰常。」是常德之內容，就在其「和」。這一天道的和諧均衡，就是「靜」，故歸根曰靜，也就是回到道之和諧均衡的自然法則中。

故由一而二，由二而三，皆落在理上言，而不落在氣上說。惟就每一存在物而言，其生命之所以存在，就在負陰而抱陽的沖氣之和中。吾人固不能即萬物之「然」的陰陽之氣說二，並以其氣之和說三；然必有「所以然」之實現原理的天地之二，才會有萬物之「然」的陰陽之二；必有「所以然」之實現原理的天地和合，才會有萬物之「然」的陰陽氣和。故天地相合，其作用當在「知和日常」的和。

牟宗三先生解一為無，二為無與有，三為有無對立渾化之玄。謂如此解，可避開道淪於氣化的困難。先生以為此中之一、二、三，非宇宙生成或演化的歷程，而是指其實現原理❸⓿。故就道之本體論言，此說最為勝義，然若連著宇宙論而言，就顯不出「天地相合，以降甘露」與「萬物負陰而抱陽，沖氣以為和」的實質意義。

這一「和」的作用，這一天地的相合，更具體言之，則是：

> 天之道，其猶張弓與！高者抑之，下者舉之，有餘者損之，不足者補之。（七十七章）

天之道，即道的作用，是永遠維繫一個均衡和諧，故抑高舉下，損有餘以補不足，這就

---

❸⓿同❽。

是天地相合的「和」。而落在人的個體生命言，含德之厚有如赤子，「未知牝牡之合而全作」的「精之至」，與「終日號而不嗄」的「和之至」，就是純任自然，而有其陰陽和合之功。

吾人再看老子所謂的「精」，《道德經》云：

道之為物，惟恍惟惚，惚兮恍兮，其中有象，恍兮惚兮，其中有物。窈兮冥兮，其中有精，其精甚真，其中有信。（二十一章）

前寂兮寥兮，言道的獨立自存之貌，此惟恍惟惚，言道的無形不繫之貌，窈兮冥兮，則言道的玄深幽遠之貌。凡此之形容，皆指向道之體、道之無說。然道雖無形不可得而見，其生化作用卻真實存在，故謂「其中有象」、「其中有精」，此則言道之用、道之有。而道之用、道之有，就在其「和」，故其中有精，亦落在反之動的和之用說，是所謂的「精之至」，亦即其「和之至」。萬物就在道之和的作用中，孕育長養而出，故謂「其中有物」、「其中有信」。是天地相合的和諧作用，就是其中有象，其中有精，而負陰抱陽的和氣均衡，就是其中有物，其中有信。

由上述可知，老子的宇宙論，是連著本體而展開。道之運行，恆返歸其自身的法則中。

此一法則，就是道的作用，永遠維繫一個和諧均衡。而在道之作用下生畜形成的萬物，其生命存在，就在其陰陽之和。

此道之動，就在天地相合之和的靜中動；萬物的存在，也在負陰抱陽之和的柔中存在。此一天地之和的靜，此一陰陽之和的柔，雖「用之不勤」，卻「緜緜若存」，雖「含德之厚」，卻「比於赤子」，老子由是轉言「弱者道之用」。

2. 弱者道之用

「反者道之動」，「反」就是復歸其自身的法則，而此一法則，就是天之道之均衡和諧的作用。道就在天地相合的均衡中，為天地之始；就在萬物負陰抱陽的和諧中，為萬物之母。也就是說，道之所以能長久的生養化成天地萬物，就在其「不自生」的虛，此即老子所謂的弱。然則，道之動在反，道之用在弱，和以說反，虛以說弱。此《老子》云：

> 道沖而用之，或不盈，淵兮似萬物之宗。挫其銳，解其紛，和其光，同其塵。湛兮似或存，吾不知誰之子，象帝之先。（四章）

此是老子對道體的體會所加的描述。因道是不可說，故用了諸多或、似、似或、象等不著意的語詞，以沖淡名言概念的確定義。此言道是以虛為用，不用盡求滿。就因為道體是無，而以虛為用，才能成為萬物的宗主。道挫損自身的鋒銳，不以自己獨有的存在形式去決定萬物，也不直接參與萬物的氣化生滅，而僅以其實現原理內在天地萬物，是在萬象流轉中，反能解消自己掉落於紛雜的危機。道不凸顯自己，涵化自身的光耀，而渾同自己於萬物。故吾人但見天地萬物的自生自長，而究其實，應是用之不盈，湛然長存的天道之功。此《老子》言之曰：

天地之間，其猶橐籥乎！虛而不屈，動而愈出。（五章）

這個天之道的虛無妙用，有如風箱樂管，雖至虛而備眾妙，甫一發動，則或爐火純青，或樂曲高鳴，就會由其中空處，源源不竭的湧現出來。是體雖虛而不可見，然其用有不盡，故又曰：

緜緜若存，用之不勤。（六章）

道不有自己之虛，狀似弱，實則就是道的妙用玄德。《老子》曰：

以其終不自為大，故能成其大。（三十四章）

天之道，不爭而善勝，不言而善應，不召而自來，繟然而善謀，天網恢恢，疏而不失。（七十三章）

夫唯道，善貸且成。（四十一章）

天地所以能長且久者，以其不自生，故能長生。（七章）

上引各章所云之「不自為大」、「不自生」、「不爭」等，皆言道之不有自己，不自限，此顯道之虛，道之弱。老子以自然為善，故「善貸且成」，是道之自身的法則，以其實現原理內在天地萬物，就在天地萬物的順遂生長中，表顯與成就其自身。此即「成其大」、「善勝」、「長生」之義，也就是天大地大與人亦大，以成其自身之大。

再從另一角度言之，《老子》云：

生而不有，為而不恃，長而不宰，是謂玄德。（五十一章）

此言道生養萬物，而不據為己有；道以其無為，為萬物安排一切，而不恃為己功；道長成萬物，而不自為主宰：故道的玄德，就在其虛。道是以不有、不恃、不宰的方法，去生畜長養萬物。老子就道之亦有亦無的渾圓為一處說玄，其生為、長成的作用是有；然又言其放開萬物，而顯其不有、不恃、不宰的虛無善貸：是雖有亦無，故謂玄德。此王弼注云：

不塞其源，則物自生，何功之有？不禁其性，則物自濟，何為之恃？物自長足，不吾宰成。有德無主，非玄而何。[31]

此使萬物得以自生、自濟、自長足，就是虛無妙用。牟宗三先生發其義云：

「生而不有」，即是無心之生。……「為而不恃」，即為無為之為。……「長而不宰」，即是不主之主。[32]

[31]《老子王弼注》頁五至六。

[32]《才性與玄理》頁一四一。

也就是說，道是以順物之自然，來作為萬物的主宰，以不決定的方式，來決定萬物。

由上言之，道之動在反，而反就在其「和」，由是《老子》遂有「重為輕根，靜為躁君」（二十六章）之說，道就在天地相合與陰陽和合的「靜」中動，故重為輕之根，靜為動之君。由此而言人生之用，則曰：「牝常以靜勝牡，以靜為下。」（六十一章）另一方面，道之用在弱，而弱就在其虛，由是《老子》而有「貴以賤為本，高以下為基」（三十九章）之說，落在人生之用，則曰：「弱之勝強，柔之勝剛。」（七十八章）此重所以為輕之根，此靜所以為動之君，此賤所以為貴之本，此下所以為高之基，以及此弱之所以勝強，此柔之所以勝剛，就在道以虛為用，而動之以和之故。

(二)物壯則老，不道早已

道之動在反，反是復歸其自身的法則，其天道法則就是天地相合的作用，此之謂「知和曰常」。天地萬物就在這一和諧均衡中，獲致生命的活力甘泉。《老子》曰：

飄風不終朝，驟雨不終日，孰為此者？天地。天地尚不能久，而況於人乎？（二十三章）

飄風驟雨，挾雷霆萬鈞之勢，突地而來，而不終朝不終日，亦迅即消逝無蹤。此天地的有心而為，走離道之運行的常軌，終為天道維繫和諧的均衡作用所打散，而復歸於自然本有的平靜。此所謂「天地尚不能久」，與前引之「天長地久」，豈非前後矛盾。蓋後者指的是「天地不仁」、「天地相合」的自然法則，前者指的是天地的有心自為，悖離天道的常軌，也終為「道法自然」的作用，拉回到本來無物的和諧平靜中。

此落到生命存在的自然現象，加以考察，則曰：

人之生也柔弱，其死也堅強，萬物草木之生也柔脆，其死也枯槁。（七十六章）

「未知牝牡之合而全作」的「精之至」，就是「負陰而抱陽，沖氣以為和」的「和之至」；而「和之至」所顯的存在樣態是柔弱，正是「骨弱筋柔而握固」之「精之至」的生命表現。而人之堅強，草之枯槁，則已失去其陰陽均衡之和，是為死亡之徵象。此《老子》又言之曰：

果而不得已，果而勿強，物壯則老，是謂不道，不道早已！（三十章）

此所謂「果」，乃順應天道之反，自然之和，守住素樸之虛，無為之弱，故曰不得已，故曰勿強。

惟物自求其生命壯大的強度表現，走離其本然素樸的陰陽之和，而有一單向偏鋒的發展，如此必造成生命力的透支耗費，有如飄風驟雨的突地激起，而迅即沉落，這就是所謂的「物壯則老」。而凡背反道之實現原理之和者，必自落衰亡之境，是謂「不道早已」。凡此之自求堅強壯大，《老子》言之曰：

心使氣曰強。（五十五章）

強行者有志。（三十三章）

強梁者，不得其死。（四十二章）

不知常，妄作，凶。（十六章）

萬物的存在，都是負陰抱陽而得其和者，這就是道之常。不知此道常之和，而求以妄作強行，以心知介入原本柔和的自然生命中，以鼓起其有干天和的壯志豪情，必歸於「不道早已」、「不得其死」的終局。是以《老子》曰：

虛其心，實其腹，弱其志，強其骨。（三章）

虛心弱志，就是不發心使氣，不興志強行，如是，人的生命，就可以維繫其陰陽本然的順遂和諧，此謂實腹強骨。

若輕舉妄動，必失其虛之本、其和之君。故曰：

輕則失本，躁則失君。（二十六章）

企者不立，跨者不行，自見者不明，自是者不彰。（二十四章）

自是自見，企立跨行，皆是有心求強，反而不能長久，不能彰明。此謂「物壯則老，不道早已」。

(三)人之生，動之死地

飄風驟雨，以其有心自為，走離天地之和，而不能長久；強梁物壯，以其有志強行，失去陰陽之和，而不道早已。而人之求生，亦常適得其反，而墮於死地。此《老子》曰：

出生入死。生之徒，十有三；死之徒，十有三；人之生，動之死地㉝，亦十有三。夫何故？以其生生之厚。（五十章）

人的生命旅程，就是出於生而入於死，而生死皆屬自然現象，是人力無以介入與挽回者。老子所深感痛惜的是，一般人為了太想活著，用盡心機去厚養其生，結果反而墮於死地。此養生不成，竟至人生百年之為人所應享有的天年，亦不能保有而中道夭，這才是人間的大悲劇。而形成此一悲劇的原因，就在：

吾所以有大患者，為吾有身。（十三章）

五色令人目盲，五音令人耳聾，五味令人口爽，馳騁畋獵，令人心發狂。（十二章）

生命的存在，本是一自然，由天地相合而有陰陽和合，萬物在此一均衡和諧中，始得以

㉝高亨《老子正詁》頁一〇七云：「韓非、傅、范並重生字，是也。下文云『以其生生之厚』，即承此句生字言。是其證。」

順遂成長。惟人之心知，執以為有，始成吾生之大患。蓋一有其身，則養生之厚隨之，人由是目眩五色，耳醉五音，口嗜五味，心狂於馳騁畋獵，此已失其生命的素樸之和，而轉為心知的拘限定著，與生理的疲累痲木，此之謂「動之死地」，此之謂「不道早已」。

而根本消解此一大患之道，就在不有其身，故曰：

及吾無身，吾有何患？（十三章）

後其身而身先，外其身而身存。（七章）

後其身與外其身，就是不有其身，不厚其生，生命歸於素樸，如是，反能身先身存。否則，「甚愛必大費，多藏必厚亡」（四十四章），為了名之甚愛，為了貨之多藏，必大費其身，厚亡其生。故《老子》云：

名與身孰親？身與貨孰多？（四十四章）

綜括全章，老子的哲學，主要在反省人的生命何以成為有限的問題。老子以為，道體本是無限，既超越而又內在，是道大而人亦大；然在人之心知的執取之下，道落為可道，德轉為下德，美善之相對假立於先，貴高之政治推助於後，由認知定位轉為價值追求，使民心因名利之可欲，而為之大亂，引生了情識的纏結。另一方面，道之動在反，復歸於和，道之用在弱，妙用在虛，然人發心使氣，走離其和，有志強行，自失其虛。凡此之不道之行，非物壯則老，即動之死地。是前者言人之精神生命之所以有限，是出於人之有心起執，後者言人之形軀生命所以早已，是出於人之有為妄作。而有為來自有心，妄作來自起執，故虛心守靜，成為其主體修養的實踐進路。

第四章　即有限而可無限的實踐進路

吾人於上章〈人的生命何以成為有限〉的存在反省上，已將老子哲學的形上結構，加以展示，並分由心的定執而有之道的封限，與物壯則老而有之不道早已兩路，以說明人的畫地自限與動之死地的生命困頓。本章即由此一生命有限的存在事實出發，透過主體的修養，以打開即有限而通向無限的實踐進路。此一進路是由吾心之致虛守靜，以開出生命的微妙玄通，並由吾生的專氣致柔，以回歸生命的素樸本真。

是老子哲學之政治人生的價值歸趨，雖落於道之無為而無不為上，然並非由形上之道而獲致其必然的保障；而是經由主體的修證，對道有其形而上的體會證悟，才發為思想玄理的。故老子的形上思想，並非僅來自理性的玄思，而是出乎生命的體證而得。不明此義，則老子的形上哲學，必轉成獨斷的空論，而直落在吾人的生命之外了。

以是之故，吾人研讀中國哲學，在義理規模的架構而外，自當走實踐的進路。如是，對古聖先哲的慧命，始有其存在的呼應。而在這一生命的體證之下，古人心即今人心，雖時歷百代，亦可千古無隔，古聖先哲的慧命，才能真實的再現我心，而形成薪火永傳的民族共命慧。否則，老子自老子，吾人歸吾人，除了滿足知識性的要求而外，實不能與吾人的生命有其心心相印的血脈相連。如是，讀古人書，體會自不深，感受亦不切，實無多大意義。

第一節　由致虛守靜到微妙玄通

(一)無為而無不為的經驗考察

老子哲學，以無說道體，以虛弱說道用，以歸根之靜說道之常，以復命之和說道之動。凡此諸說，皆關涉老子道之形而上的體會，吾人以為，在其主體的修證體得之先，必有其透過經驗考察而得的靈感激發。《老子》云：

> 上善若水，水善利萬物而不爭。處眾人之所惡，故幾於道。居善地，心善淵，與善仁，正善治，事善能，動善時。夫唯不爭，故無尤。（八章）
>
> 江海所以為百谷王者，以其善下之，故能為百谷王。……以其不爭，故天下莫能與之爭。（六十六章）
>
> 天下莫柔弱於水，而攻堅強者，莫之能勝，以其無以易之。（七十八章）

天下之至柔，馳騁天下之至堅，無有入無間。吾是以知無為之有益。（四十三章）

所謂上善，就是上德，而「上德無為而無以為」（三十八章），是上善也是無心而為的。以自然無為為善，正是道家思想的通義。水之利萬物是無心的，是本其自然的利，故以水為其上德的表徵。若解「善利」為「善於利」，不僅語意不明，易生誤解，且既說善於，則已屬有心而為的利，不論其居心為何，終究是有所為而為，則已非不爭了。水以其自然無為而有利萬物之實，此即「無為而無不為」，且水又是處下不爭，處眾人之所惡，此正與《論語》儒學「君子惡居下流，天下之惡皆歸焉」（〈子張〉）之說不同；而直以江海之所以能為百谷之水的匯歸之所，就由於它的自然處下之性。

個人以為，老子對道之形而上的體悟，可能即由對水之觀察有得始。水為天下之至柔，可來去自如的馳騁於天下至堅之物中，此言水無所不在；且水以其至柔之無有，可入於天下至堅之物的無間之中，此言水的沒有自己，可隨方而方，隨圓而圓。然不管其存在形式為何，水永遠還是水，其本質未有任何變易。就因為水無所爭，故天下莫能與之爭，水最柔弱，也最堅強。此一「幾於道」的形上體悟，引發其政治人生「無為之有益」的價值歸趨。人當居處於自然無為之地，心守於自然無為之淵，與人於自然無為之仁，言語於自然無為之信，政治於自然無為之治，事盡於自然無為之能，動宜於自然無為之時。前三者指向人生之虛靜素樸，後四者則指向政治之自然無為❶。

老子並由是轉而對萬物草木與人的生命現象，作一統合的觀察，曰：

> 人之生也柔弱，其死也堅強，萬物草木之生也柔脆，其死也枯槁。故堅強者死之徒，柔弱者生之徒。（七十六章）

不管是人或草木，反正萬物生之存在樣態是柔弱，而死之存在樣態則為堅強，由是而獲致一概括的論斷，凡存在樣態柔弱者，是生命的表徵，而存在樣態堅強的，反而是死亡的跡象。是赤子嬰兒的柔弱精和，正是其生命全幅呈露之深厚綿長的現象，故有專氣致柔如嬰兒，含德之厚比赤子之說。

此外，在日常器用上，亦有其相當的觀察所得：

❶ 二章云：「聖人處無為之事，行不言之教。」十七章云：「信不足焉，有不信焉。悠兮其貴言。」均以言為治道之事。

> 三十輻共一轂，當其無，有車之用；埏埴以為器，當其無，有器之用；鑿戶牖以為室，當其無，有室之用。故有之以為利，無之以為用。（十一章）

三十輻共一轂的車輪，乃由其轂之無而有其用；埏埴以為器的陶瓷，乃由其器之無而有其用；鑿戶牖以為室的建築，亦由其室之無而有其用。由是可見，凡有之所以有其定用，皆由其無之虛妙而顯現。

老子之以無為本，以有為用，以柔弱為強，以精和為至，就一位哲人之形上體悟而言，自有其來自當前現境的經驗考察，而引發其生命的洞見。

(二) 致虛極，守靜篤的主體修證

對於萬象自然的觀解而有的靈感激發與生命洞見，畢竟是外緣而起，尚非由生命的修證而得。故老子的形上妙悟，要有其真實意義，而充分證成的話，實非返歸於主體修證之路不可。如是，形上之道對吾人的生命而言，才有其真實性與必然性，不然的話，終是空談無根，沒有任何保障的。

1. 為學日益，為道日損

人之主體的修養，老子首在為學與為道兩路，作一本質上的超越區分。為學是經驗的進路，為道則是超越的進路。《老子》云：

> 為學日益，為道日損，損之又損，以至於無為。（四十八章）
> 物或損之而益，或益之而損。（四十二章）

所謂日益日損，皆就心而言。為學是外在世界的自然萬象，透過官覺作用，印象於吾心。此等飄忽的印象，或牽扯而起的偶發意念，為吾心所執取認可，遂成為知識的概念或價值的可欲，此一心知的造作就是成心。是為學是向外求得，日有增益的，正是民心大亂生命外逐之所自起。故《老子》云：

> 絕學無憂。（二十章）
> 欲不欲，不貴難得之貨，學不學，復眾人之所過。（六十四章）
> 知不知，上；不知知，病。（七十一章）

為學日益，既為生命有限，存在困頓之源，是絕學而心無掛礙，情無牽扯，自可無慮無憂。再進一步言之，絕學就是欲人之所不欲，學人之所不學，知人之所不知，已由經驗層面往上超拔，轉向為道之工夫了。

老子哲學興起之旨趣，其外緣在救周文之桎梏，其內因在消解生命之造作與外逐。是為道日損，即將心知的造作，加以逐層剝落，使生命不外逐不散落。這一知相欲念的剝落散開，所呈現的就是道心；是則道的封限，亦在吾心的「損之又損」中，逐步的開顯其「玄之又玄」的無限妙境。如是，吾人每拋開一心知，消除一欲念，吾心必多得一分的解脫，增長一分的自在。這也就是減損反見增益，而增益反見減損的道理。也就是說，在為學日益之時，心知日有所成，由於重重的約定與層層的束縛，心失去其本有之虛靜，吾人存在的世界遂隨之相對的減縮，而生命亦漸趨混雜；在為道日損之時，心不求取積成，由於約定的解開，與束縛的消除，而有其形而上的玄鑒明照，吾人存在的世界，隨之日漸擴大，而生命亦回歸其自在的素樸。此《老子》曰：

滌除玄覽，能無疵乎？（十章）

滌除者，乃日損其雜染之謂，玄覽，就是恢復吾心的虛靜清明。這一直覺觀照的能力，是直接面對，而當下呈露的，不必透過中介的知識概念與官覺印象，亦無需假藉理性作用的分析與推論，對於當前現境即有一整體而直接的感覺與把握。此業師吳經熊先生言之曰：

西方人對於真理的推求，是講邏輯，一步一步的來推論，我們是注重直覺妙悟。……笛卡兒有一句名言，就是我思故我在。這便是通過理智以證明他自己的存在。……這些原始的真理，不能用邏輯來證明的，而是要用直覺來了悟的。❷

是吾人對道體的體悟，不必通過概念思辨與官覺經驗，此《老子》言之曰：

始制有名，名亦既有，夫亦將知止。(三十二章)

視之不見名曰夷，聽之不聞名曰希，搏之不得名曰微，此三者不可致詰，故混而為一。其上不皦，其下不昧，繩繩不可名，復歸於無物。(十四章)

---

❷《哲學與文化》頁七九。

道是徹上徹下，超乎前後之空間方位，與古今之時間長流之上的。其「混而為一」，自非感官經驗的對象，故謂「此三者不可致詰」。又名言後起，乃物象印入吾心而有之抽象概念。此等名言概念用以形容玄之又玄的道體，是有其限制，而不能窮盡的，故謂亦將知止，故曰不可名。《老子》云：

故常無，欲以觀其妙；常有，欲以觀其徼。（一章）

此處之常無與常有，依個人之見，乃承接上文，指謂不可道之道，以道體之常，就在「無」與「有」的兩面相與雙重性中顯。若將常無與常有，歸之於吾心，則下文觀其妙與觀其徼的「其」之所指，就不能是道，而是心了。且謂吾心之常有，在《老子》全書之義理脈絡中，實難有一貼切恰當的了解。故當作如是解：說道是恆常之無，與恆常之有，只具形式的意義，總得通過吾心虛靜的朗現觀照，始能映顯其內容意義，從生命實踐的主體參與，來證實道之常無與常有的真實內容。故《老子》云：

孔德之容，惟道是從。（二十一章）

萬物莫不尊道而貴德。（五十一章）

此云大德的作用，是順道而行的❸。就形上結構言，德之貴，是由道之尊而有，然就主體修證而言，道僅有其形式的意義，其真實義是以德為其內容的。此一如儒學雖云「天生德於予」（《論語・述而》）、「此天之所與我者」（《孟子・告子上》），與「天命之謂性」（《中庸》第一章），然總要「下學而上達」，才能「五十而知天命」，要「盡其心」，才能「知其性」而「知天」，要「盡其性」、「盡人之性」、「盡物之性」，才能「贊天地之化育」、「與天地參」。是天的真實意義，就在主體盡心盡性的生命實踐中，而有其內容的。

《老子》所謂的德，也是出乎主體修證而得的。《老子》云：

修之於身，其德乃真；修之於家，其德乃餘；修之於鄉，其德乃長；修之於國，其德乃豐；修之於天下，其德乃普。（五十四章）

❸ 高亨《老子正詁》頁五一云：「容，疑借為榕，動也。……大德者之動，惟從乎道也。」

此言透過主體的修養，乃有其德，其修養工夫由身家而鄉國，而天下的日趨擴大，其德真的內容，亦隨之逐步的深長豐厚。《老子》又云：

> 古之所以貴此道者，何？不曰：求以得，有罪以免邪！故為天下貴。（六十二章）

道之所以為天下人所尊貴，就在人人可自求自得，自修自證，而免乎心知疲累與情識困結之罪。

德來自人之自修自證而得，此即為道日損的進路，而其工夫就在心上做，就在心的致虛守靜。

2. 虛靜心的明照：由自知而知常

老子哲學的進路，在於主體的修證，而其工夫，則在心上做。《老子》云：

> 致虛極，守靜篤，萬物並作，吾以觀復。（十六章）

心致虛至極，無有心知可欲，不貴亦不尚，始能心不亂的守靜至篤。而此虛之致，此靜之守，乃吾心之自致自守。在滌除心之知相意念等塵染之後，即顯其自在之明照，此即所謂之玄鑒直觀。如是，吾心可超乎萬物並作之生滅變化的現象流轉之上，一者不對物象起執，而轉成心知；二者不與之俱轉，而滯陷物中。並由此心之虛明，以靜觀萬物之歸根復命之常。《老子》云：

自知者明。（三十三章）

人自我流落於心知的定限之域，自我放逐於情識的爭逐之場，其日一久，呈現意識中的自我，是心執與情結之我，人之本質遂失落而不自知。而心歸於虛靜，即有如明鏡，首在照顯自我，此一由虛靜心所照顯之我，就是吾人生命之德。是謂「自知者明」。

其次，此虛靜心的明照，就在朗現天地萬物之真相。在消解相對認知與價值定位之後，心無主觀規格以加之外物，外物始得以其本來面目，呈現於吾人的玄鑒之心。此《老子》云：

以身觀身，以家觀家，以鄉觀鄉，以國觀國，以天下觀天下。吾何以知天下然哉？以此。（五十四章）

這一直觀明照，無須假借名言概念，或通過官覺印象，以執取或規定外物之存在；而是讓萬物在吾人的觀照中，呈現其自身。身顯露其為身，家顯露其為家，國顯露其為國，天下顯露其為天下。此身家鄉國天下，並非吾人心知所執取或扭曲的產物，而是以其自身之本德，向吾人展現。故云吾人所以得知天下之真相，就以此心的直觀明照，故又云：

> 知常曰明。（五十五章）

自知者明，知常曰明，是心之虛明，既可照顯自身自家，亦可朗現他物他家，是自知是此明，知常亦是此明。再圓成一步說，吾人就在自知中知常，在知自身自家的一剎那，同時已知鄉國天下了。吾心之虛靜，不僅照顯了自身自家之德，而在不加規定扭曲之下，也朗現了鄉國天下之德。此《老子》又云：

> 不出戶，知天下；不窺牖，見天道。其出彌遠，其知彌少。（四十七章）

主體修證的工夫在心上做，是內修自證而不必往外尋求。往外尋求，是為學日益之路，故其出彌遠，其知反而彌少。內修自證，是為道日損之路，故雖足不出戶，不探首窗外，亦可知天下，見天道。故《老子》云：

是以聖人為腹不為目，故去彼取此。（十二章）

為腹是內修自證，素樸自足的，為目則為官覺牽引，而逐之於外矣。不論政治或人生，老子哲學皆旨在斬斷人為的造作，與生命的外逐，故由是而言「不善者吾亦善之」的德善，與「常善救人，故無棄人」的常善。

3. 德善與常善

形上的道，是以德為其內容，才有其真實意義。問題是，主體修證而有得，虛靜心所照顯的就是德，然德的內容究所指為何，實有待進一步的深入探索。《老子》云：

聖人無常心，以百姓心為心。善者吾善之，不善者吾亦善之，德善；信者吾信之，不信者吾亦信之，德信。（四十九章）

此云德善、德信，似已涉及德之內容。而其內容，就在聖人無常心的虛靜明照，由自知而知常，而朗現了百姓心的真實存在。惟有以百姓心為心，始得「以國觀國，以天下觀天下」，而非以一己獨斷，專制天下。在這一虛靜心的明照中，善者吾固善之，不善者吾亦善之，吾心無所造作，亦不加干擾，故善與不善，皆呈現其自身。此吾人若依儒家之說，不善者吾亦善之，不信者吾亦信之，豈非已落於鄉愿亂德之行，又談何聖人？事實上，老子並不在善與不善之間，作一內容的簡別規定，此一善與不善，與「皆知善之為善，斯不善已」（二章），或「善之與惡，相去若何」（二十章），皆同屬主觀認知的相對區分，聖人既無主觀自是之心，而以百姓心為其心，故雖不合自身獨知之善，不合自家自是之信者，吾亦從而善之、信之。也就是以百姓自身本德之善為善，以百姓自家本德之信為信，此之謂德善與德信。問題是，此之善，究何所指，不然言吾善之、吾信之，豈非落於心知，而有所善、知所信矣。

此《老子》有云：

善行無轍迹，善言無瑕讁，善數不用籌策，善閉無關鍵而不可開，善結無繩約而不可解。是以聖人常善救人，故無棄人，常善救物，故無棄物，是謂襲明。故善人者，不善人之師，不善人者，善人之資。不貴其師，不愛其資，雖智大迷，是謂要妙。（二十

七章）

凡此所謂之善，是自然無為之意。善行是自然無為之行，故無轍迹；善言是自然無為之言，故無瑕謫；善數是自然無為之數，故不用籌策。善閉，乃順其自然之性而無所閉，故無處可開；善結，乃順其自然之性而無所結，故無處可解。由是而言，聖人之常善救人，常善救物，是不立差別名號，使人不自以為不善，也就是以自然無為救人，以自然無為救物。不使人離自然之常足，而趨人為之不足。此自然無為，即出以虛靜心的照明，以顯百姓與萬物的自身之德、自家之信，故云「無棄人」、「無棄物」，這也就是所謂的德善德信了。此中之善人與不善人，僅以虛明相照，善人是以其自然無為，為不善人之師；不善人在善人的自然無為中，亦復歸於自在自得的素樸。故不善人雖為善人之資，以其自然無為，故不當貴其師，亦不當愛其資。此《老子》云：

是以聖人自知不自見，自愛不自貴。（七十二章）

「自知者明」，而「不自見，故明」（二十二章），聖人「襲明」，故自知而不自見，同時雖自愛，亦不可自貴，才是常善救人，常善救物。否則，貴身若大患，雖有智亦大迷了。此吾人再證之以《老子》之言：

道者萬物之奧，善人之寶，不善人之所保。（六十二章）

道以其自然無為，故深而能藏，以涵容萬物，求以得，故為善人之寶，有罪以免，故為不善人之所保。吾人也可以如斯說，在自然無為、清靜自正中，善人與不善人，俱在道的深奧美妙中，而自在自得。

老子《道德經》言善之篇章，除上引數條之外，尚有：

上善若水，水善利萬物而不爭。（八章）

古之善為士者，微妙玄通，深不可識。（十五章）

善有果而已，不敢以取強。（三十章）

善建者不拔，善抱者不脫，子孫以祭祀不輟。（五十四章）

善為士者不武，善戰者不怒，善勝敵者不與，善用人者為之下。是謂不爭之德，是謂

用人之力，是謂配天古之極。（六十八章）

天之道，不爭而善勝，不言而善應，不召而自來，繟然而善謀。（七十三章）

上述各章，所謂善利、善為士、善有果、善建、善抱、善戰、善勝敵、善用人、善勝、善應、善謀等，皆落在不爭、不可識、不敢以取強、不拔、不脫、不武、不怒、不與、為之下、不言、不召等自然無為的微妙玄通與不爭之德言。此即吾人所以認定，老子哲學之「善」，取其「自然無為」之義的依據。

由是而言，德善就是本德之善，也就是「歸根曰靜，是謂復命」的常德。歸根就道的作用說，復命就德的內容說，是常善救人，也就是在自然無為中，使人人不離其本足的常德。不管是德善或常善，皆透過心之致虛至極，守靜至篤之主體修證的工夫，由直觀明照而顯露朗現。故《老子》云：

上士聞道，勤而行之；中士聞道，若存若亡；下士聞道，大笑之，不笑不足以為道。（四十一章）

下士走的是為學日益的經驗進路，根本不悟「少則得，多則惑」（二十二章）之義，是雖聞體道之言，乃大笑之，蓋彼等若不嘲笑數聲，道也不足以為道了。上士走的是為道日損的超越進路，是聞體道之言，必「損之又損，以至於無為」的「勤而行之」，加以體現印證。中士則徘徊於二者之間，內省自證之時，道則若存，外求造作之時，道則若亡，故聞體道之言，由於自身把持不住，亦若存若亡而已！

綜合上述，吾人聞體道之言，若不走「勤而行之」之「為道日損」的實踐進路，有所體現證成的話，縱不落為大笑之的下士，亦難逃體會不深、感應不切之若存若亡的危機。

(三) 境界形態的形上學

吾人探討老子哲學的形上結構，必逼出其致虛守靜之主體修證的實踐進路。此一主體修證的工夫在心上做，虛靜明照所朗現者為生命之德，道即以心之德為其真實內容。是則，老子的形上哲學，乃由主體的修證而開顯，此已可說為境界形態的形上學。今先引《老子》一段話以為證：

故從事於道者：道者同於道，德者同於德，失者同於失。同於道者，道亦樂得之；同

於德者，德亦樂得之；同於失者，失亦樂得之。（二十三章）

此謂從事於道者，正是「勤而行之」的主體修證之路。此一主體修證，自有其工夫深淺之不同，也有境界層次之分異。「道者同於道，德者同於德，失者同於失」，乃言其客觀撐開之形上結構的道與德，實等同於吾心之主體修證所開顯的道與德。而道廢德失之失，一如雖聞道亦若存若亡的中士，正是吾心之主體修證猶未及「損之又損，以至於無為」（四十八章），而顯不出一沖虛境界之失。「同於道者，道亦樂得之；同於德者，德亦樂得之」，意在表露所謂客觀性實體之道德，是以樂得主體修證之道德，為其真實之內容，若主體修證開不出其虛明妙通的作用，則「同於失者，失亦樂得之」，在主體心境的窒塞下，道德的客觀性、實體性，亦缺乏印證而無由開出❹。是則，老子之形上學，乃透過主體修證有得，再客觀撐開的間架與擺出的姿態。故非實有形態的形上學，而是境界形態的形上學❺。此所謂之境界形

❹牟宗三先生《才性與玄理》頁一四一云：「以自己主體之虛明而虛明一切。一虛明，一切虛明。……我窒塞，則一切窒塞。」

❺前書頁一六二云：「無客觀的存有形態之體，而卻有主觀的境界形態之體。」

態，一如水漲而船高，心之虛明不斷向上昇越，其所開顯的境界亦隨之日漸擴大。

吾人試就《道德經》中，論及客觀實體與主體修證的篇章，作一對照分析：

> 道常無為而無不為。（三十七章）
>
> 為學日益，為道日損，損之又損，以至於無為，無為而無不為。（四十八章）

前者客觀的說，道常之有，就在由無為開無不為的作用上，道不有自己，無心而為，始能遍在一切，生成萬物。後者通過主體「損之又損，以至於無為」的修證工夫，即可由「無為」之體，開出「無不為」之用。足見其形上結構，非僅是概念思辨、理性推求而得，實由主體修證為其基礎。此牟宗三先生言之日：

> 老子亦有「天下萬物生於有，有生於無」，「無，名天地之始；有，名萬物之母」等義。此則道、無，亦顯有一客觀實體之意義。……道、無之此種客觀姿態實依主體聖證上「無為而無不為」而成立，即依「無為而無不為」而有客觀實體之意義。……則是「無」之「客觀實體」的意義（宇宙論上），實類比主觀聖證上「無為而無不為」而得

其真實的意義。即，此客觀姿態亦依主體聖證而得印證。然主觀聖證上之「無」是一種虛寂渾化之心境，是一種虛靈的妙用，而非是一「物」。❻

此一主體修證的進路，實不同於儒家。儒家之仁，是一道德創造的實體，其德性心正面挺出來，或存養擴充，或成己成物，可擔當主體生命，亦可開發客觀的文化理想；而老子之心，乃一退後一步，放開一切，無所貞定，亦不能擔當的虛明，它不能創發什麼，僅以其虛明，而朗現一切。《老子》又云：

> 道生之，德畜之，長之育之，亭之毒之，養之覆之，生而不有，為而不恃，長而不宰，是謂玄德。（五十一章）
>
> 載營魄抱一，能無離乎？專氣致柔，能嬰兒乎？滌除玄覽，能無疵乎？愛民治國，能無知乎？天門開闔，能無雌乎？明白四達，能無為乎？生之，畜之，生而不有，為而不恃，長而不宰，是謂玄德。（十章）

---

❻ 前書頁二七〇至二七一。

此上一句言道之生成長養萬物的作用，道的生長萬物，是以沖虛之不有、不為、不宰的方式，令萬物自生自長，這就是道的玄德。下一句言主體之抱一致柔，玄鑒無知的修養工夫，以及政治上守雌無為的清靜自正，聖人之生養萬民，亦是以無知無為，不加宰成的方式，讓百姓各遂其生，各得其養。由是言之，這樣的生養萬物，是消極的生，是不加決定，令其自生的生，這樣的生養萬物，是「功成事遂，百姓皆謂我自然」的生，也就是百姓自化自正的生。凡此之生，是「不塞其原」、「不禁其性」❼，暢通一切生命之源，當下即顯一自在自得。此吾人亦有一相應的體會，老子重母德坤道，故三寶之首是為慈。人間慈母的愛，是最無條件的，不以自己的愛來拘牽子女，而以放開順任的方式來成就子女。此老子雖就客觀實體說道的玄德，同時亦就主體修證開微妙玄通深不可識的玄德。足見其形上架構並非空理玄談，而是主體修證而體現開顯的。《老子》又云：

道沖而用之，或不盈，淵兮似萬物之宗。挫其銳，解其紛，和其光，同其塵。湛兮似

---

❼《老子》十章王弼注云：「不塞其原，則物自生，何功之有；不禁其性，則物自濟，何為之恃；物自長足，不吾宰成，有德無主，非玄而何。」王弼本頁六，中華書局，五十八年七月臺二版。

或存，吾不知誰之子，象帝之先。（四章）

知者不言，言者不知。塞其兌，閉其門。挫其銳，解其紛，和其光，同其塵，是謂玄同。（五十六章）

老子《道德經》，偶有前後重複的經文出現，某些考據家不知此中自有深意，即隨己見而輕加刪除。上述二章之「挫其銳，解其紛，和其光，同其塵」一段經文，雖完全重複出現，然前者指天道之以虛為用，後者則指聖人玄同於道的主體修養。就形上結構言，是先道而後德，樸散而為器；就工夫進路言，是透過心之虛靜而顯一沖虛之境界，由主體印證而有其真實的內容意義。

惟此一形上結構與主體修證的分立並言，並非是究竟的，而僅是方便的。《老子》云：

天之道，利而不害；聖人之道，為而不爭。（八十一章）

既得其母，以知其子；既知其子，復守其母。（五十二章）

此乃聖人之道對天之道的存在呼應，是天之道就是聖人之道，而聖人之道也就是天之道了。老子一者以道的作用之大，來肯定萬物之所以存在，以言天地之大與人之亦大，這是由上往下直貫的存有接續；同時又以心的致虛守靜，微妙玄通，以顯道的玄德妙用，此以人德之大，給予道之大以真實內容，是由下往上昇越的主體修證。再圓成的說，《老子》云：

天道無親，常與善人。（七十九章）

正面言之，天道無心，無所偏愛，就是所謂的天地不仁，天道無親；惟天道總是臨現在自然無為的身上，以助引清靜自正的生命。實則，翻轉言之，是在其人生命的虛靜素樸中，天道始由是而照顯朗現。

第二節　由專氣致柔到見素抱樸

上節由致虛守靜的為道日損，破心知的定執，而道的常無常有之玄妙，亦在主體生命的微妙玄通之德，整個豁顯了出來；此節則由專氣致柔的不欲以靜，以避開物壯則老的不道早已，而道的歸根之靜，復命之常，亦可在主體生命的見素抱樸之境，得到了充分的印證。

(一)知足不辱，知止不殆

1. 知足之足常足

老子由損之又損的實踐進路，開出心的虛靜，由是而有自知之明與知常之明。此一虛靜明照之所知，就在知人的內在本足，知人的常德乃足。此《老子》言之曰：

> 吾言甚易知，甚易行，天下莫能知，莫能行。（七十章）
>
> 不言之教，無言之益，天下希及之。（四十三章）
>
> 弱之勝強，柔之勝剛，天下莫不知，莫能行。（七十八章）

諸如絕學無憂、希言自然、守柔曰強之教益，本是甚易知甚易行，天下卻莫能知，莫能行，甚至人人執著日深，沉迷日久，就是莫不知，亦莫能行。此言甚易知，甚易行，是就放開一切，損之又損，當下已得一大解脫、大自在之實踐體證而言。在此一反省回顧之下，深覺人的存在求其免於困頓，生命得其安足，並不必往外追逐，與人碰撞，否則，歷經苦痛與挫折，亦難有所得。反之，絕學、希言、守柔之無為，自有無憂、自然、真強的無不為之妙。

故莫能知，莫能行，乃指爭逐權位，奔競財貨，生命散落於外的人而言，雖聽聞體道之言，亦以為有如《天方夜譚》的神話，不僅體驗不深，感受不切，反以為人的困頓不安，是因為爭競不力，投入不深之故。如是，愈困頓愈外逐，愈不安愈欲得，生命遂告散落不存。另有第三種情況，對生命外逐的茫昧，人為造作的困惑，已有其或多或少的體悟，然意志不堅，超拔不易，故聽聞體道之言，亦若存若亡，以其未能落在主體修證的工夫，去歸根復命，故謂莫不知，卻莫能行。故《老子》云：

> 禍莫大於不知足，咎莫大於欲得。故知足之足，常足矣。（四十六章）

人生最大的災難，莫過於不知內在本足，人生最大的罪過，莫過於往外求得。前者是生命的虛欠，後者是生命的外逐，由虛欠而造作，再由造作而外逐，遂一去而不返。是僅有自知內在本就自足，自我才不會流落於外；生命不向外依附或攀緣，才會有其恆定常足。《老子》又曰：

> 常德乃足，復歸於樸。（二十八章）

人從欲得求取的狂潮中，超拔出來，才有以自知內在本有之常德，即能自足，而復歸於生命自在的素樸中。此一常德，就是常善與德善。善者吾善之，不善者吾亦善之，就是不立分別相，斬斷人外求附麗之路，而逼顯其自足之常德來。常善救人，常善救物，就是不造作名號，令人回歸其自在之素樸中，此常善常德，一者內在本有，無須外求，二者其自身又能自安自足，故有其「無棄人」、「無棄物」的普遍性與必然性。就由於常德內在自足，無待外求，才能讓人們從往外求取的俗流中，跳了開來，這才是生命真正的富有。故《老子》曰：

> 知足不辱。（四十四章）
> 知足者富。（三十三章）

此知足之足，仍是常德乃足的足，而不能以外逐求得之多寡厚薄，來決定其當足或不當足。因為，一有向外求取之心，不論其欲得如何豐厚富麗，必落在自身常不足的困境。只有不有待於外，才能逃開寵為下，得之若驚，失之若驚之辱。又云：

> 不可得而親，不可得而疏，不可得而利，不可得而害，不可得而貴，不可得而賤，故

為天下貴。（五十六章）

人之常德，既內在本足，外在人情的親疏、財貨的利害、名位的富貴，皆不可能增減其分毫，而動搖其存在，故為天下人所尊貴。人有此一反省自覺，始能自生命的流落外逐中，超拔出來。

2. 知止可以不殆

人活於此世，投身在外象流轉中，感官日與物接，吾心執取此一變動不居之物象，即為抽象定著之心知概念，並轉成價值規範的名號定準。本能欲求受其激發導引，必有走離其自然順遂之素樸自在的可能。故知足常足，求以不辱，必自知止不殆始。此張師起鈞云：

人世間失掉了渾沌而始有「知」，因「知」而有「情」，由「情」而生「意」，由「意」見諸「行」。❽

❽《老子哲學》頁一四，中央文物供應社，四十二年十一月初版。

由善惡之知，而有好惡之情，再由好惡之情，而有趨避之意，順是由下，即有欲得外逐之行。故知止，首在知名號之限制。此《老子》云：

道常無為而無不為，侯王若能守之，萬物將自化。化而欲作，吾將鎮之以無名之樸。（三十七章）

此言侯王若能守著道之「無為而無不為」的無限妙用，則百姓萬物的生命，將與自然的脈搏，同其節拍而跳動自化。所謂的化而欲作，是在這一自然之化的歷程中，其與生俱來的官能欲求，在物象牽引中必日漸的外露突起，然欲求之為大患，總在心知之起執規劃，成其為「可欲」之後。此名號紛立，差別雜陳，人置身其間，必形成「欲得」的情識纏結。《老子》曰：

五色令人目盲，五音令人耳聾，五味令人口爽，馳騁畋獵，令人心發狂，難得之貨，令人行妨。（十二章）

色香味聲的感受品味，本是人耳目官覺的自然本能，然在心知的隨緣起執，自立名相的造作中，遂成五色五音五味之複雜多端的巧智名目，人的生命由是而走離素樸，必投入馳騁畋獵，以求難得之貨的外逐奔競行列，由是生理官能固由刺激而麻木，目盲耳聾口爽之餘，而心亦發狂，行且有妨矣。其對治之方有二：

塞其兌，閉其門，終身不勤。（五十二章）

始制有名，名亦既有，夫亦將知止，知止可以不殆。（三十二章）

此言吾人當關閉五官接物之門，一者生理官能不會在物象的牽引中，化而欲作的成為欲求的奴隸，亦不會始制有名的自起造作，困在心知的限定中。如是，雖「化而欲作」，自不會走離其所，生命外逐，終其身而不困擾勞累。且雖在名亦既有之世，吾人當自知此抽象概念，與具體實在之間是有其距離的，名用以指實，然不可執名以為實。故聖人將以無名之樸救之，或知止其所當止，自不會滯落物中，而有離本失真之危殆。以化而欲作，尚屬素樸自然，而始制有名，已成人為造作矣。《老子》云：

道可道，非常道；名可名，非常名。（一章）

上德不德，是以有德；下德不失德，是以無德。（三十八章）

人為造作之大端，就在道之為可道，德之為下德。可道之「道」，是一抽象定名，而常道之「道」，則是有其真實內容的無限妙用。此二者是有其思想與實在之間，難以跨越的距離。故字之曰道，乃一時方便。不失德的德，僅是執持德的名號而不失，而未在德的主體修證上用工夫，故體現不出德的實質內容。在此一反省下，透過概念思辨以規定道的內容，則道為可道，經由主觀認知以建立德的規準，則德為下德，此皆有心有為，自陷在名號之限定中了。依老子自己所下的界定：

上德無為而無以為，下德為之而有以為。（三十八章）

上德下德之分，就在前者無心無為，後者則有心有為。心本虛靜，既言有心，即又落在主觀的相對認知，並轉為客觀的價值定位了。此其結果，必致「上禮為之而莫之應，則攘臂而扔之」（三十八章），雖振臂高呼，亦引不起天下人民之存在的呼應。此《老子》言之曰：

大道廢，有仁義；智慧出，有大偽。（十八章）

吾人若將大道的無限性，定在人為造作的仁義規條上，則大道的豐厚內涵已固著在仁義的確定概念上，反見大道的萎縮不存；而此一名號分立的人為造作，出乎人的有心有為，不免奔進爭競，甚或有為盜心亂之患。《老子》由是而轉言曰：

絕聖棄智，民利百倍；絕仁棄義，民復孝慈；絕巧棄利，盜賊無有。此三者以為文不足，故令有所屬，見素抱樸，少私寡欲。（十九章）

聖智出乎主觀有心，仁義為造作有為，巧利則不免落於機心權詐矣。以此三者開人文，求以富麗生命，必轉成其出彌遠，其知彌少，是愈往外求，愈顯不足的。故絕之棄之，令人的生命由造作外逐中回頭，而歸屬於無心無為、無知無欲所豁顯之無名之樸的自在自得中。此之謂知足不辱的絕學無憂，此之謂知止不殆的希言自然。

3. 不欲之靜

知內在之自足，則心知不造作，知名號之限定，則生命不外逐，雖「化而欲作」，亦不失其絕學無憂的素樸；雖「始制有名」，亦可有希言自然的自在。而知足所以不辱，知止所以不殆，其可能的理論根據，就在不造作不外逐，當下已歸於無名之樸的不欲之靜中。此《老子》云：

知足不辱，知止不殆，可以長久。（四十四章）

無名之樸，夫亦將無欲，不欲以靜，天下將自定。（三十七章）

歸根曰靜，是謂復命。復命曰常。（十六章）

繩繩不可名，復歸於無物。（十四章）

知和曰常。（五十五章）

知止者，是不尚亦不貴，故不見可欲，民心自不亂；知足者，不欲得外求，必復歸於玄玄不可名的無物之靜。人由不見可欲而不求欲得，即歸於生命本根之靜。所謂的無欲，即無掉可欲之「可」，與欲得之「得」，「可」就心知說，「得」就意志說，是虛其心，弱其志，「欲」自歸於本然的順遂，故謂實其腹，強其骨。是歸根之靜，即復命之常，而此常就在其和。《老子》云：

不失其所者久。（三十三章）

知止知足，而歸根復命，正是不失其道根德本之所，故可以與道用之常同其長久。惟《老子》云：

大曰逝，逝曰遠，遠曰反。（二十五章）

道之大，並非一死的定體，而是一往前行，無遠弗屆的，而這一往前行與無遠弗屆，均在道之回歸其自身的作用中。是道之緜緜若存，用之不勤的作用，就在天地交感和合的靜中動。此一和諧均衡，狀似無物而一片平靜，正是其長久存在的理由。宇宙間一切美妙的生命，就在這一和諧均衡的平靜無物中，生發顯現。問題是，一般的生命存在，身在此一無為之靜，無不為之和中，卻突萌逃離不欲之靜，期求創建有為的念頭，反一如飄風驟雨，在道法自然，復歸於無物的作用下，不終朝不終日的散落不見。故老子哲學，以虛為體，以弱為用，在相對區分的萬象間，常肯定負面，甚至以為正面的根本，云：

重為輕根，靜為躁君。（二十六章）

侯王得一以為天下貞。……侯王無以貴高將恐蹶。故貴以賤為本，高以下為基。（三十九章）

牝常以靜勝牡，以靜為下。（六十一章）

靜勝躁，寒勝熱❾，清靜為天下正。（四十五章）

曲則全，枉則直，窪則盈，敝則新，少則得，多則惑。是以聖人抱一為天下式。（二十二章）

上述各章，負面之為正面的根本，其成立的理由在：一者道之用在虛在和，由和說靜，由虛言弱，此靜與弱的本身所呈現的存在樣態是有如無物的平靜，有如虛弱的柔和。侯王得「一」以為天下貞，聖人抱「一」為天下式，此一就是道的作用；而此「一」之虛弱無物柔

❾蔣錫昌云：「此文疑作『靜勝躁，寒勝熱』。二十六章『靜為躁君』，靜躁對言，其證一也。」引自嚴靈峰先生《老子達解》頁一九三。嚴先生並引《淮南子・詮言訓》：「後之制先，『靜之勝躁』，數也。」以為證。

和清靜，雖狀似賤下、曲枉，卻足以為天下之貞、天下之正、天下之式的貴高成全。二者道之常既在其和，然對人的存在而言，生命若不積極開發奮力創建，總會有寂寞無人見的感懷。故求以逃離和諧無物的，必屬陽剛有心者，而陰柔無物者，無為自然，不凸顯自身，以其負面陰柔，正可以拉引正面陽剛，而得其整體之和，故謂牝以靜勝牡，靜以下勝躁。此之所謂勝，並非對抗克制之意，而是得其均衡，歸於平靜。此亦即「負陰而抱陽，沖氣以為和」。此一均衡和諧之功，《老子》言之曰：

> 大成若缺，其用不弊；大盈若沖，其用不窮。大直若屈，大巧若拙，大辯若訥。（四十五章）
>
> 明道若昧，進道若退，上德若谷，大白若辱，廣德若不足，健德若偷，質德若渝❿，

❿ 俞樾云：「建，當讀為健。……『健德若偷』，言剛健之德，反若偷惰也。」劉師培云：「疑真亦當作德，蓋德字正文作悳，與真相似也。『質德』與『廣德』、『建德』一律。……三德乃並文也。」高亨曰：「劉說是也，……質，實也。渝，借為窬，《說文》：『窬，空中也。』……質德若渝，猶言實德若虛耳。」三條並引自王淮先生《老子探義》頁一六九至一七○。

大方無隅，大器晚成，大音希聲，大象無形。（四十一章）

是以聖人方而不割，廉而不劌，直而不肆，光而不燿。（五十八章）

此言以其負面的若缺、若沖、若屈、若拙、若訥、若昧、若退、若谷、若辱、若不足、若偷、若渝，以成其正反之和，其用不弊不窮的大成、大盈、大直、大巧、大辯、明道、進道、上德、大白、廣德、健德、質德。老子以大為道的強為之名，上述言大、言道、言德，皆落在自然無為而言。故又由無隅、晚成、希聲、無形以言道之大方、大器、大音、大象，由不割、不劌、不肆、不燿，以言聖人之方、廉、直、光。是老子肯定負面，以為是正面的根本，其意在負面可以拉引正面，以得其整體之和。此之謂不欲以靜。

(二)專氣致柔，守柔曰強

1. 專氣致柔

物之強行有志，勝人有力，未有其負陰抱陽之和，而悖離天道無物之靜。這一陽剛的單線冒起突出，必造成物之由自求壯大而生命力透支耗散之局。陰陽遽失其和，以其不道，故早歸衰亡。此《老子》云：

勇於敢則殺，勇於不敢則活。（七十三章）

持而盈之，不如其已，揣而梲之，不可長保。（九章）

勇於敢，就是強行有志，勝人有力，以其強梁物壯，故為死之徒；勇於不敢，就是無知無欲，專氣致柔，以其柔弱自守，故為生之徒。另持有財貨，而求其盈餘滿溢，捶打物器，而令其尖削銳利，必無可長保，故不如知止知足，始能沒身不殆。此《老子》又云：

專氣致柔，能嬰兒乎？（十章）

治人事天莫若嗇。夫唯嗇，是謂早服。早服謂之重積德。（五十九章）

專氣就是嗇，嗇即生命內斂不外露，凝聚不耗散之意，此其可能，首有消解心知的助長與可欲的干擾，故無知無欲，生命自歸於本然順遂的專一柔和。是早服，也就是致柔，早服是早歸根於天地之和，致柔是復命於陰陽之和。致柔就是得其和，一如嬰兒的重積其德。《老子》云：

聖人抱一為天下式。(二十二章)

載營魄抱一,能無離乎?(十章)

此聖人所抱之一,就是道的作用,道的天地之和,聖人守著此道常之和,天下將自定自化。而一般人之抱一,是德的本質,德的陰陽之和,人不離此本德之和,生命才能自在自得。故曰:

民莫之令而自均。(三十二章)

輔萬物之自然,而不敢為。(六十四章)

聖人不加干擾,天下人民自歸於天地之和的均平上,聖人不敢有為,即可輔成萬物成其自然的陰陽之和。專氣則不物壯,致柔則非不道,自不會掉落物壯則老,不道早已之局。惟知止知足,才可專氣,惟不欲以靜,始能致柔,此亦虛心弱志,以食腹強骨之意。

2. 守柔日強

老子言專氣致柔,又言守柔日強。云:

見小曰明，守柔曰強，用其光，復歸其明。無遺身殃，是為習常。（五十二章）

弱之勝強，柔之勝剛。（七十八章）

柔弱勝剛強。（三十六章）

弱就虛說，柔就和說，以其虛弱，所以柔和。剛是勝人者有力，強是強行者有志，是剛強是指有心有為，有知有欲者，不安於不欲之靜，而有強梁物壯之行，故無以逃離不得其死，與不道早已的悲劇。柔弱之所以勝剛強，一是柔弱本身就是歸根之靜與復命之常的和，二是柔弱可以拉引剛強，而成其天地陰陽之和。此《老子》云：

重積德，則無不克；無不克，則莫知其極；莫知其極，可以有國；有國之母，可以長久。是謂深根固柢，長生久視之道。（五十九章）

重積德就是守柔，生命不外逐散落，無不克就是勝剛強，生命內斂凝聚。守柔曰強，重積德則無不克，當下已在道常之和的無限妙用中，「天乃道，道乃久」（十六章），故曰莫知其極，故曰可以長久。《老子》又云：

自勝者強。（三十三章）

既云守柔曰強，又言自勝者強，是守柔首在自勝，蓋吾人存在最大的困擾，就在欲得與不知足，所謂自勝，就是能知止知足，不造作不外逐，也就是重積德則無不克，守柔曰強了。故此所謂的強，與柔弱勝剛強的強有異。非飄風驟雨的強，非物壯則老的強，而是虛弱柔和的強，與道同其長久的強。更進一步言之，守柔之能強，《老子》言之曰：

知其雄，守其雌，為天下谿。……知其白，守其辱，為天下谷⓫。（二十八章）

嚴幾道評點云：

守雌者，必知其雄，守辱者，必知其白。否則，雌矣、辱矣，天下之至賤者也，奚足貴乎！今之用《老》者，只知有後一句，不知其命脈在前一句也。⓬

⓫ 據高亨《老子正詁》頁六五之考定改。

此以雌以辱為至賤，而不知老子守雌守辱之義。嚴幾道立身在自強運動之世，其評點《老子》多有不相應之處。事實上，守雌守辱，就在拉引雄與白，而得其一體之和，老子即由和說強。若僅言知其雄，知其白，則無異強行有志之不道早已，何可謂強？故由守雌以知雄，由守辱以知白，就是進道若退，大白若辱，也才能守柔曰強，自勝者強。故《老子》云：

以道佐人主者，不以兵強天下。（三十章）

吾不敢為主而為客，不敢進寸而退尺。（六十九章）

此亦不強行有志，不勝人有力，而處下守柔，以成其和諧真強之意。

3. 所謂柔道

今世有所謂柔道之競技活動，在東瀛發皇，而流行全球各地。顧名思義，柔道就是以柔把握道。故此一體能工夫，其哲理基礎，實源自吾國道家哲學守柔曰強之義。守柔就是不強

---

⑫《老子道德經評點》頁一六，成都書局壬申校刊。曾克耑藏版，黎玉璽影印。「守黑者」、「必知其榮」二語，筆者據前條考定加以刪節。

行，不物壯，而虛弱自守，以得其和。故柔道之原理，可以說深得「反者道之動，弱者道之用」的精髓。

在雙方對抗中，我不正面挺身出來，亦不自顯其動向，不主動攻擊，亦不死守己地，僅因應對方之進擊與攻勢，彼進我退，彼左我右，將對方洶湧而至的壓力，化解於無形，而維繫存在於兩人之間的情勢力場之和，此之謂與物反矣，復歸於無物。此一者不暴露自身之物壯則老，不道早已的弱點，永遠守柔得和，而不強力對抗，由是而自立於不倒不敗之地；二者在這一傾向防守性之守柔求和的演練中，吾人亦可在對方招式用老，自失平衡之時，應機而動，假借其力，使其自行倒地不起，而告落敗。此《老子》言曰：

善為士者不武，善戰者不怒，善勝敵者不與，善用人者為之下。是謂不爭之德，是謂用人之力，是謂配天古之極。（六十八章）

是謂行無行，攘無臂，扔無敵，執無兵。（六十九章）

此不武、不怒、不與、為之下，就是守柔，就是歸於自然無為之善，此一不爭之德，卻有善用人之力的神效，故謂配天古之極，深得妙道之用。而所行無行，所攘無臂，所扔無敵，所執無兵，更是虛弱自守、順道而行之最好的寫照。也就是，我是自然無為，守柔求和，而對方則物壯則老，不道早已。這就是守柔日強的柔道。此一原理落於用世，則曰：

是以欲上民，必以言下之；欲先民，必以身後之。是以聖人處上而民不重，處前而民不害，是以天下樂推而不厭。（六十六章）

勢處民上，而必言下之，位居民先，而必身後之。如是始能維繫政治場上的平衡和諧，故處上而民不重，居先而民不害，天下始樂推而不厭。反之，勢位處上居先，又不知言下身後，特權獨享，則失其上下之均衡，必由畏之而侮之矣。

㈢赤子嬰兒的理想人格

由專氣致柔，到見素抱樸，此一精神修養的理想人格，老子就以赤子嬰兒的生命情態，為其具體而微的表徵。《老子》云：

常德不離，復歸於嬰兒。（二十八章）

含德之厚，比於赤子。蜂蠆虺蛇不螫，猛獸不據，攫鳥不搏。骨弱筋柔而握固，未知牝牡之合而全作，精之至也；終日號而不嗄，和之至也。（五十五章）

常德不離，就是含德之厚。前者是復命之常，後者是歸根之靜。此常此靜就是和，是牝牡合一的和。赤子嬰兒不知男不知女，猶未走離析判而出，故其生命能全幅的展露，此之謂精之至也。且即使終日號哭，其聲亦不啞，以其不離常德，一顰一笑俱在陰陽之和中，其心亦自不傷，此之謂和之至也。故赤子嬰兒的生命氣象，是未知牝牡的精之至，是陰陽柔和的和之至。雖骨弱筋柔，而其握甚固。他的生命，是一自然，一無物，故蜂蠆虺蛇不螫，猛獸不據，攫鳥不搏。此《老子》云：

蓋聞善攝生者，陸行不遇兕虎，入軍不被甲兵，兕無所投其角，虎無所措其爪，兵無所容其刃。夫何故？以其無死地。（五十章）

善攝生者，就是自然無為根本不養生者。人在素樸無為中，陸行自不遇兕虎，入軍亦不被甲兵，就是途遇兕虎，亦無所投其角措其爪，就是短兵相接，亦無所容其刃，只因為他沒有自己，不有所求，根本就沒有受傷害的餘地。故《老子》曰：

夫唯無以生為者，是賢於貴生。（七十五章）

益生曰祥。（五十五章）

無以生為的自然無為，即善攝生的無死地，比諸貴生益生者，實為高明。若一求貴求益，必落於有執有為，反為災殃不祥。故《老子》曰：

聖人在天下，歙歙為天下渾其心，聖人皆孩之。（四十九章）

我獨泊兮其未兆，如嬰兒之未孩。（二十章）

孩，傅奕、范應元本作咳，焦竑云：「咳，小兒笑也。」⓭渾化其心，故能淡泊自處，而不欲以靜，此或如嬰兒未出歡聲笑語的精之至，或使天下人民皆如嬰兒之歡笑自在的和之

⓭引自王淮先生《老子探義》頁八四。

至，皆顯現其復歸於嬰兒的常德之厚。此一理想人格的赤子嬰兒，並非是事實義，而是取其價值義的。

綜括全章，老子以為人的生命有限與其存在困頓，乃由人的有心有為，有知有欲而來，故透過主體的修養工夫，以打開即有限而可無限的實踐進路。一是由吾心之致虛守靜，以開出生命的微妙玄通；一是由吾生的專氣致柔，以回歸生命的素樸本真。此一主體修養的實踐進路，是老子哲學的命脈所在。老子語道德，非為架空之玄理，而有其實質意義，即由此路而開顯。

第五章　生命精神與政治智慧

吾人翻閱《論》、《孟》，與研讀《老子》，每有極為不同的感受。《論》、《孟》是記載師生言行的對話錄，《老子》則為格言式的自我獨白。前者孔、孟的生命人格，在字裡行間，正面挺了出來；後者老子自家的存在形相，則隱藏在經典文字之後，但見理性之光，而獨乏生命之熱。惟吾人以為，對形上道體深有體悟，對政治人生備具洞見的一代大哲，必有其悲天憫人的宇宙情懷，與超脫解放的生命精神，為其發動超拔的內在根力。本章即試圖將其潛藏不露而為其內在支柱的生命精神，與其理性之光所照顯而出的政治智慧，加以揭露出來，以見「澹然獨與神明居」的老子，其生命並不流於理念的乾枯；且有「以濡弱謙下為表，以空虛不毀萬物為實」的妙道高明，傳留千古。

第一節　生命精神

(一)我有三寶，一曰慈——慈故能勇

《道德經》五千言，雖不乏有以第一人稱的語態而出現的辭句，然皆屬一時方便的自我表白，仍是一沒有血肉的空架子。如：

萬物並作，吾以觀復。（十六章）

吾所以有大患者，為吾有身；及吾無身，吾有何患？（十三章）

百姓皆謂我自然。（十七章）

若使民常畏死，而為奇者，吾得執而殺之，孰敢？（七十四章）

前兩句，是以第一人稱表顯其體道的工夫，後兩句，則假託百姓與為政者之身分而言：二者均未涉及其生命自我的真實內容。對其自家生命有所表白，並透顯其內在精神的，有如下二語：

而我獨頑似鄙，我獨異於人，而貴食母。（二十章）

我有三寶，持而保之。一曰慈，二曰儉，三曰不敢為天下先。（六十七章）

老子哲學，面對人之存在的困頓，僅求放開鬆散，當下得一大解脫大自在，而在生命價值上實貞定不住，僅能顯現理性照明之光，而無性情承擔之熱。然此一求以消散人之存在困頓而感同身受的心，正是其生命有光亦有熱的大擔當。故一者曰我獨頑似鄙，而貴食母，二者曰我有三寶，一曰慈。其異於人者，就在其昏昏悶悶，僅歸根復命於道生德畜的母體長養之所，而非若俗人之昭昭察察，以求尚貴可欲而勝人強行者。此愚人之心而貴食母，似無光亦無熱。然其自謂生命中的三寶，首要就在其母德之慈，這正是老子清靜無為，卻站出來發為五千言之哲理玄思的內在動力，是謂「慈故能勇」（六十七章）。反觀儒家，雖亦言「仁者必有勇」，然其行仁之本，首重孝道。慈為母體天生的自然之愛，孝則為子女自覺的反哺之情。唯其天生自然，故云天地不仁，聖人不仁，唯其自覺反哺，故天地有心，聖人踐仁。《老子》云：

人之生，動之死地，亦十有三。（五十章）

民之從事，常於幾成而敗之。（六十四章）

人之不善，何棄之有？（六十二章）

此言老子對天下人民，為了求生，反而掉落死地，而所從事者，亦常功敗於垂成之際，深致其歎惋之意，並由是而興發其「人之不善，何棄之有」的慈心悲願，思有以拯濟之道。云：

道者萬物之奧，善人之寶，不善人之所保。（六十二章）

天將救之，以慈衛之。（六十七章）

道沒有自己，萬物就在道的無為虛靜之地，找到了自己，老子即由此義說道為包容萬物的奧藏之所❶。天將救斯民，必以其慈衛護他，因為母德之慈，是最無條件而又深根固柢，遍在一切而又兼容並蓄的。由慈暉普照，始能開出一為善人之所寶，又為不善人之所保的沖

❶ 河上公注云：「奧，藏也。道為萬物之藏，無所不容也。」《音注老子道德經・下經》頁一二。

虛妙有之所。善人得其德貴之寶，不善人得其免罪不害之保。又云：

慈以戰則勝，以守則固。（六十七章）

禍莫大於輕敵，輕敵幾喪吾寶。故抗兵相加，哀者勝矣。（六十九章）

母德之慈，固為涵容萬物的妙藏之所，且有以戰則勝，以守則固的大用，然此亦「善有果而已，不敢以取強」，否則一輕敵，必自喪其三寶中的首要之慈。故儘管兩軍對壘，兵力相當，出乎慈心的哀兵，終將以其內在之慈，發為衛護之勇，而克敵致勝。惟此所謂勝，乃守柔致和之謂。真正的強者，不是勝人有力，打遍天下無敵手；也不是撻伐其身家，踐踏其人格，而是令天下之不善人，皤然悔悟而成為善人。這才是「何棄之有」的「慈」，才是「無為而無不為」的「儉」。故云：

孰能有餘以奉天下？唯有道者。（七十七章）

有餘以奉天下之有道者，即是以慈衛之。而此一救之衛之的發用之方，就在其儉。《老子》云：

> 儉故能廣。（六十七章）

儉乃儉約之意，亦即「治人事天莫若嗇」的嗇。嗇是心神內斂涵藏，生命不外逐不耗散，亦「知足不辱，知止不殆，可以長久」之意。惟儉約除了「嗇」之一義外，尚有「旨約而易操，事少而功多」，其用能大且廣之義。前者是「以深為根」，後者則是「以約為紀」❷。《老子》云：

> 夫唯道，善貸且成。（四十一章）
>
> 大成若缺，其用不弊；大盈若沖，其用不窮。（四十五章）

---

❷「旨約而易操，事少而功多」引自司馬談〈論六家要旨〉；「以深為根，以約為紀」引自《莊子‧天下》。

道之所以是大，是「以其終不自為大，故能成其大」（三十四章），天地之所以能長久，在「以其不自生，故能長生」（七章）。道以其自然無為，將自身之無限性，內在於萬物，並在萬物之長育成熟中完成其自身。此即「生而不有，為而不恃，長而不宰」，乃無心之生，無為之為，不主之主，順任萬物，令其自生自長，而各得其所，此之謂「大巧若拙」、「大器晚成」，此之謂「善貸且成」。故此大成大盈的道之體，就道相說，是若缺若沖的虛弱不足，而就道用說，則是不弊不窮的可以長久，此其故何也？曰：

執古之道，以御今之有，能知古始，是謂道紀。（十四章）

執大象，天下往；往而不害，安平太。（三十五章）

執古始之道紀，可以統御當今之萬有，此即「儉」而用廣。依「大象無形」而言，此所執之大象，當指深遠不可名之道之作用，一者以其無為自然，故為天下所歸往，二者以其素樸自在，故天下歸往而不有害。由是堪為善人樂得其德之所寶，又為不善人求以免罪之所保。《老子》云：

聖人不積，既以為人己愈有，既以與人己愈多。（八十一章）

萬物歸焉而不為主，可名為大。（三十四章）

此言盡以施人而己愈有，盡人予人而己愈多，即人皆歸往而推尊之意。而其所施人予人者，就在其不積不有、不為主不自生上。故又云：

不敢為天下先，故能成器長。（六十七章）

樸散則為器，聖人用之，則為官長。（二十八章）

此謂聖人在天下人民，樸散為器，化而欲作之時，不敢尚貴有為，而僅鎮之以無名之樸，始可為百官之長。且君上不見可欲，不始制有名，讓百姓知足知止，自得自在，此等之不敢為天下先者，才能為眾器之長。《老子》云：

人之所惡，唯孤寡不穀，而王公以為稱。（四十二章）

是以聖人被褐懷玉。（七十章）

受國之垢，是謂社稷主。（七十八章）

侯王無以貴高將恐蹶。故貴以賤為本，高以下為基。（三十九章）

上德若谷，大白若辱。（四十一章）

此云王公侯王，要能受國之垢，以孤寡自居，虛懷若谷而成其上德，處下若辱而有其大白，始能被褐懷玉，而為天下之貞。

吾人由老子之自我表白，知其生命精神的內在根源，在母德之慈；其發用於外的道紀法則，在無為之儉；其表現而出的生命情態，在守柔之弱。母德之慈，是無心而遍在；無為之儉，是無為而無不為；守柔之弱，是不爭而常和。此分別說為三，統言之實一，以其無心無為，守柔不爭，根本是體用的不可分，故既是慈，亦是儉，又是不敢為天下先。由慈而能勇，由儉而能廣，由不敢為天下先而能為眾人之長。如是，為善人之所寶，又為不善人之所保，此之謂可涵藏萬物的三寶。

(二)非其神不傷人，聖人亦不傷人——德歸玄同

老子《道德經》，間有急促語。如云聖人不仁，似乎老子否定了人間的愛；然老子又云一

心曰慈。足見老子以仁者有心，不免發心有為，故通過不仁遮撥之，以言聖人之無心。既無心不造作，即無事不干擾，由是轉言聖人之以道莅天下，聖人之不傷人。《老子》云：

以道莅天下，其鬼不神；非其鬼不神，其神不傷人；非其神不傷人，聖人亦不傷人。（六十章）

所謂以道莅天下，即治天下常以無事，清靜無為之謂。《老子》云：

絕聖棄智，民利百倍；絕仁棄義，民復孝慈。（十九章）

大道廢，有仁義；智慧出，有大偽。（十八章）

以智治國，國之賊；不以智治國，國之福。（六十五章）

魚不可脫於淵，國之利器，不可以示人。（三十六章）

聖智是聖人的有心，仁義是聖人的有為，此一人為造作的誤導，遂誘使天下人民，走離大道的自然素樸，生命流落於外而無所歸屬。是一有仁義規條，則大道已廢而不存，一有智慧造作，則大偽已起而爭逐日生，故絕聖棄智，天下人民反得素樸自在，絕仁棄義，天下人民亦可復其自然本有之孝慈。故不以智治國，不以利器示人，不有心不有為，人人自不會流離失所，而一如魚之常處深淵，得水自在，才是民利國福。

《老子》此云聖人無事的太上之治，下僅知有之，百姓自在而常足，皆謂我之自然而得。如是，牛鬼蛇神自不會生發它亂神怪力的作用；再逼進一層說，也不是牛鬼蛇神起不了它亂神怪力的作用，而是牛鬼蛇神即使有其亂神怪力的作用，也不能傷害復歸於樸，常德乃足的人；更真切的說，也不是牛鬼蛇神的亂神怪力的作用，傷害不了人，根本就在聖人無事而不傷害人，是以天下百姓無死地而不可傷。

此云聖人不傷人，乃老子哲學之根荄的所在，實發人深省。就儒家義言，聖人乃自覺的不傷人，然依老子的觀點，聖人實可不自覺的傷人。以聖人常聖智自居，有心有為而高懸仁義，徒令天下人民自以為虛欠不足；再由仁義高懸進而標榜禮法，不免有事而強民以從，且人民莫之能應，又攘臂而引之，反見其忠信德薄，而為難變亂首了。此「民之難治」，實「以其上之有為」，人民在聖人之干擾誤導下，失其自在之地，生命遂奔波於外，虛妄迷執，或依附亂神，或攀緣怪力，如是，則陷落在怪力亂神與聖智仁義的雙重迫害中。故只要聖人清靜無為，天下百姓即自正自化，則鬼神與聖人俱在吾人生命的自然之外，而不能傷人矣。此王弼注云：

神不害自然也，物守自然，則神無所加。道洽，則神不傷人；神不傷人，則不知神之為神。道洽，則聖人亦不傷人；聖人不傷人，則不知聖人為聖也。……夫恃威網以使物者，治之衰也；使不知神聖之為神聖，道之極也。❸

生命在素樸自然中，心是無為虛靜，固不知聖之為聖，神之為神。人之德，本豐厚自得，德之蕩失，首由聖人之始制造作，遂可欲在心而欲得於外，在寵辱若驚中，妄事攀緣而迷執神道，生命遂流而不返，本真亦失而難見。是以聖人無為無事，其鬼自失去威力而自行隱退。在心之虛靜明照中，德亦交歸於己，而自在常足矣。故云：

夫兩不相傷，故德交歸焉！（六十章）

❸《老子注》下篇頁一五。

統括上述，不敢為天下先的沖虛自守，處下不爭，就是不造作不干擾的聖人不傷人。聖人不傷人，神亦不傷人，老百姓不知有聖，亦不知有神，而素樸自在，此聖人無為，而百姓無不為，即是儉。《老子》云：

常善救人，故無棄人；常善救物，故無棄物。（二十七章）

善者吾善之，不善者吾亦善之，德善。（四十九章）

此一物物的存全，人人的不傷，就出乎無心而遍在的慈。人間最偉大的愛，莫過於使天下之不善人，皆自得其本德之善，與常德之足。是以由不敢為天下先的聖人不傷人，到無為而無不為的神亦不傷人；再由德歸玄同而有善與不善皆善之的德善，與無棄人無棄物的常善。此不僅是守柔之弱的不敢為天下先，亦是無為而無不為的「儉」，又是無心而遍在的「慈」了。

(三)不失其所者久，死而不亡者壽——積德守母

老子哲學的生命精神，其內在根源在其慈，其發用於外則為以道莅天下。此以道莅天下，

一是重積德的嗇，二是無為而無不為的儉；而二者的表現皆是不敢為天下先的聖人不傷人，神亦不傷人。如是，德歸玄同，由一己之德而朗現道之玄德。善者固善，不善者亦善，由不傷人而無棄人，正是人間最深根固柢，可以長久的母德之慈。所謂長久，《老子》言之曰：

不失其所者久，死而不亡者壽。（三十三章）

天長地久。天地所以能長且久者，以其不自生，故能長生。（七章）

知常容，容乃公，公乃全❹，全乃天，天乃道，道乃久，沒身不殆。（十六章）

飄風不終朝，驟雨不終日，孰為此者？天地。天地尚不能久，而況於人乎？（二十三章）

知足不辱，知止不殆，可以長久。（四十四章）

重積德，則無不克；無不克，則莫知其極；莫知其極，可以有國；有國之母，可以長久。（五十九章）

❹據勞健《老子古本考》之說，改「王」為「全」。

此云天長地久，又云天地尚不能久，以前者無心，後者有為。無心則素樸無為，如如自在，心虛靜而不起執，不掉落在時空的差別相中，是與天道同在，與自然同其長久。有為出乎有心，心一起執認知，道即為之封限，人當下已處在相對格局的有限世界中。若再由可欲而欲得的投入這一爭逐的行列，則生命外逐，更滯陷在層層的存在困頓中。故知止則心不造作，知足則生命不外逐，如是心是虛靜，自顯其知常之明，與能容之大，能容則玄同萬物，由內在的重積德，與超越的貴食母，而有莫知其極的玄德。故能大公兼全，即有如天道自然之可大能久。

此中所謂之長久，是通過心之虛靜明照所朗現，由重積德貴食母而開顯，故非事實義，而為價值義。是所謂不失其所，乃歸根復命，積德食母，知止知足，自在自得，以其不落在時空的條件系列中，故言可以長久。所謂死而不亡，是說生命歷程的有生有死，乃生命的自然現象；此一死生的現象，誠然是在生滅流轉中，然就道的生化作用而言，卻是如如長在的，故曰久言壽，是在致虛守靜之明照中，而當下呈露，在歸根復命之自然中，而當體具足的。

《老子》云：

> 既得其母，以知其子；既知其子，復守其母。（五十二章）

所謂「貴食母」與「復守其母」的「母」，就是「天下有始，以為天下母」的「道」，此超越的為天地萬物的根，亦內在的為天地萬物的命。是歸根復命，就是由重積德的不失其所，到復守其母的死而不亡。也就是說，天地萬物雖由道尊之母而貞定德貴之子，然吾人在生命的歷程中，要能不斷的從現境中超越，通過內在之德向超越之道作一回歸，使生命境界能層層翻越，步步昇揚。否則，德之貴在現實流轉中，若不能貴食母與復守其母，可能會陷溺滯落。故吾心「損之又損」的拋開知相，捨離欲求，而當下獲一虛靜明照，即可開顯「玄之又玄」之不斷飛揚昇越的生命境界。此即玄同萬物，眾德交歸的玄德。《老子》描述此等微妙玄通的體道之士云：

敦兮其若樸，曠兮其若谷，混兮其若濁，孰能晦以理之徐明❺，孰能濁以靜之徐清，孰能安以動之徐生？保此道者，不欲盈。夫唯不盈，故能蔽而❻新成。（十五章）

---

❺ 據王弼注文，增補「孰能晦以理之徐明」一句。

❻ 據易順鼎《讀老札記附補遺》之說，改「不」為「而」。

「敦兮若樸」言其德之敦厚，「曠兮若谷」言其德之虛靜，「混兮若濁」言其德之包容，此謂「保此道者，不欲盈」。此其生命氣象呈現於外，是晦、濁、安的無為，然此中自有其理之徐明、靜之徐清、動之徐生之無不為的妙用，故謂「能蔽而新成」。是老子之虛靜，並非寂滅，而是在大解脫之後，有其大自在，而為成就一切新生命的起點。

老子言自然，就道體而言，是超越的自然，就心境而言，是價值的自然。二者皆非現象義、事實義。自然一詞，若相對於人文而言，則僅顯其樸質義，此一如《論語》「文勝質則史，質勝文則野」之樸質義的質，而一般浪漫文學反抗文明重回自然的呼聲，亦屬此素樸義。老子的自然則相對於他然而言，則已從整個自然界之因果關係的條件系列中超拔出來，而顯其自在自得的精神境界，是為超越義、價值義。

綜合本節，老子哲學的生命精神，其內在根源發動，在母德之慈，其發用於外，在以道莅天下。聖人之以道莅天下，一在清靜無為的不敢為天下先，是聖人不傷人，神亦不傷人，令萬物自生自長，而各得其所，此為其消極義。二在無為而無不為的儉，此常善救人，不善者吾亦善之，已由不傷人到無棄人，此為其積極義。而在主體修證上，亦由玄同萬物，而開顯眾德交歸的玄德，人的生命已由存在的有限而開出精神無限之路。

第二節　政治智慧

老子哲學，由致虛守靜的主體修證，一者有其道法自然之形上道體的體會，二者有其微妙玄通之生命境界的開顯，並由是而穩住了其政治人生之無為而無不為的價值歸趨。唯其對生命有其洞見批判，故特顯其生命精神，唯其對政治亦有其超越反省，故獨開其政治智慧。此非僅人生禍福得失的應世之道，亦非僅歷代興亡成敗的治人之術，故不泛泛的言人生哲學而云生命精神，亦不籠統的言政治哲學而云政治智慧，以其所探討者不在實然的因應上言成敗得失之道，而在價值的尋求上開超拔自得之境。

(一)聖人無常心，以百姓心為心

一部《道德經》，雖開出了其獨步千古的形上學體系，然吾人研讀《老子》，總覺得其哲學的精神，仍落在政治人生的痛切反省與價值批判上。是以，即使描述其形上體會的文字，仍以聖人當如何作結，如「是以聖人抱一為天下式」（二十二章）、「是以聖人終日行不離輜重」（二十六章）等，更不用說探討政治哲學的專章了。故言聖人之治者，散見各章。《老子》云：

聖人無常心，以百姓心為心。善者吾善之，不善者吾亦善之，德善；信者吾信之，不信者吾亦信之，德信。聖人在天下，歙歙為天下渾其心，聖人皆孩之。（四十九章）

聖人無主觀自執之心，而僅是清靜無為，以百姓心作為自己的心。儒家期求聖人由格致誠正而修齊治平，以移風易俗，教化天下；而道家卻要聖人取消自己，而輔助百姓之自然而不敢有為。故以百姓心為心，此百姓不能是無所歸屬的天涯淪落人，尤其不善不信吾亦當善之信之的說法，更是悖離儒門教義。此《老子》云：

民之難治，以其上之有為，是以難治。（七十五章）

天地相合，以降甘露，民莫之令而自均。（三十二章）

天下人民本素樸自足的，其所以難治，就在其上之有為，故有聖人傷人之說。是善者與不善者之分，不在本質上有此壁壘分明的界域，而僅是聖人之主觀獨善的產物，由聖人之既定標準視之，彼為不善不信，若拋開心執而有的知相意念，在虛靜心的觀照下，是所謂的不善不信者，就其自身言，則莫不善莫不信，此之謂自均本自然的德善常善。故聖人在天下，首當收斂自己，為天下人渾化自己的有執既成之心，而有如嬰兒的無心天真而笑語自在。聖人莅天下之初衷，本在成全天下人民；未料，身受權力欲的誘引，遂興發其好大喜功之心，反以自己的心知模式與價值規準，強加在老百姓的身上，廣大民心民意，一直被壓抑而浮顯不出。故聖人為天下渾其心，聖人皆孩之，就是聖人的自化其心、自成其德厚如嬰兒的虛靜，而以百姓心為其心。故曰：

明白四達，能無為乎？（十章）

用其光，復歸其明。（五十二章）

光而不燿。（五十八章）

前識者，道之華而愚之始。（三十八章）

聖人致虛極，守靜篤，由是而有心之虛靜明照。此一觀照之光，固可照徹四方，然若不通過無為的涵化，將此一照顯一切的理性之光，化歸為內在的涵藏之明，必刺眼傷人，故云光而不燿。此王弼注云：

以光鑑其所以迷，不以光照求其隱慝也。❼

虛靜心一如明鏡，可照破「人之迷，其日固久」（五十八章）與「雖智大迷」（二十七章）的虛妄迷執，然並非以其光來揭露人心的隱私，此已屬有心傷人之行，故云絕聖棄智。若恃智用事，則已淪為前識者的有為預斷，天道本是一自然，強以人心去測定其動向，則所得僅為道的浮華糟粕，是為走向愚妄的開始。故云：

天之所惡，孰知其故，是以聖人猶難之。（七十三章）

取天下常以無事，及其有事，不足以取天下。（四十八章）

聖人不敢有心妄斷，而猶以為難，是由虛靜無心而無為無事，以百姓心為重，始足以治天下。至若所謂之無事，《老子》言之曰：

❼《老子注》下篇頁一四。

聖人自知不自見，自愛不自貴。（七十二章）

聖人為而不恃，功成不處，其不欲見賢。（七十七章）

聖人不行而知，不見而名，不為而成。（四十七章）

聖人光而不燿，復歸其明，而自知者明與不自見故明，是聖人之「明」白四達，亦在自知而不自見，此即明道若昧，大白若辱之意。再進一步言之，自知之知，是不行而知；功成之成，是不為而成。不自見，是不見而名；不自貴，是不欲見賢。能虛靜自知，故能無為自愛，能不自見，故能不自貴，此之謂聖人之取天下，常以無事之意。《老子》云：

是以聖人常善救人，故無棄人，常善救物，故無棄物，是謂襲明。故善人者，不善人之師，不善人者，善人之資。不貴其師，不愛其資，雖智大迷，是謂要妙。（二十七章）

用其光，復歸其明。無遺身殃，是為習常。（五十二章）

上述兩章，加以綜合比觀，由復歸其明而言襲常，此亦知常曰明之意。且以襲明，言善人之不貴其師，亦不愛其資，此心明照，始足以常善救人、常善救物，此亦聖人無常心，以百姓心為心。吾人以為，此當為老子政治哲學的第一義。政治之所以有其存在的理由，就在實現每一個百姓之成為他自己的價值，這就是所謂的德善與常善。而此一理想要能實現，其首要在聖人之絕聖智、棄仁義的無心虛靜，才能無為無事，以百姓為政治活動之價值實現的主體。此所以嚴幾道會有「黃老之道，民主之國之所用」❽之說，再衡諸今日之民主社會而言，老子此說仍為一切政治家與民意代表所應有的風度與修養。

(二)為無為，事無事

1. 處無為之事，行不言之教

上節言聖人無聖智自為之心，而以百姓的素樸之心為其心，本節則由無常心而言無為、無事。《老子》云：

> 為無為，事無事，味無味。(六十三章)

❽《評點道德經》頁五。

處無為之事，行不言之教。（二章）

為無為，則無不治。（三章）

為無為，看似矛盾，實則其意在：聖人之所為，乃出乎自然，無心而為。其所處理者為無為之事，所施行者為不言之教。前者有「無為而無不為」之效，後者為「希言自然」之功。既無為而不勞，又得自然之妙，故曰無不治。此無為之說，《老子》更言之曰：

悠兮其貴言，功成事遂，百姓皆謂我自然。（十七章）

道常無為而無不為，侯王若能守之，萬物將自化。化而欲作，吾將鎮之以無名之樸。（三十七章）

悠兮貴言，是處無為之事，行不言之教；功成事遂，是無不為，無不治。然百姓皆謂是我自己如此的，根本不知此乃聖人處無為之事，行不言之教之功，此即君上所為之無為，所事之無事。在天下人民「化而欲作」之時，聖人之所為，乃以無名之樸鎮之，既云鎮之則不免是為，然所鎮之者仍為無名之樸，故所事者是無事，所為者是無為。

老子之哲學，根本上要「人」無為，而歸於「道」之無不為，落於政治言之，則要「聖人」無為，而歸於「百姓」之無不為，故曰「輔萬物之自然而不敢為」，故曰「聖人無常心，以百姓心為心」。《老子》云：

我無為而民自化，我好靜而民自正，我無事而民自富，我無欲而民自樸。（五十七章）

我無為好靜，無事無欲，此為聖人之無為；民自化自正，自富自樸，此為百姓的無不為。而其本就在：

將欲取天下而為之，吾見其不得已。天下神器，不可為也。為者敗之，執者失之。（二十九章）

常有司殺者殺。夫代司殺者殺，是謂代大匠斲。夫代大匠斲者，希有不傷其手矣。（七十四章）

天下本屬一神妙組合的整體和諧，天地萬物的生滅，皆在天之道「損有餘以補不足」的

「不爭而善勝，不言而善應」的自然中進行，此之謂「司殺者殺」的常道。此中沒有人為介入的餘地，心一起執造作，對自然的脈搏律動而言，適成干擾破壞，故曰為者敗之，執者失之。是執政者，求以有為而取天下，必如代大匠斲，不僅是事實的不可能，且有自傷其手之害。

由是言之，君王自當無心虛靜，而輔成萬物之自然而不敢為。此《老子》云：

美言可以市尊，美行可以加人❾。人之不善，何棄之有？故立天子，置三公，有拱璧，以先駟馬，不如坐進此道。（六十二章）

此美言美行，非自然無為之美善，《老子》云：「信言不美，美言不信。」（八十一章）故屬有心有為之言行，志在市尊與加人。雖可贏得一時的讚美與他人的敬重，然聖人之以道莅天下，此為「有道者不處」的「餘德贅行」❿，故云人之不善，何棄之有？君王無為，人

❾ 據《淮南子》〈人間訓〉、〈道應訓〉引，增補「美」之一字。

❿ 據劉師培之說，改「食」為「德」。

人莫不善莫不信，善人得寶，不善人亦有所保，是以立天子置三公的權位，與有拱璧以先駟馬的威勢，皆不如坐守此道之無為不勞，而得無不為的自然之妙。

2. 為之於未有，治之於未亂

老子的政治智慧，不在問題發生之後，再思以補救之解決方案的提出，而在根本上尋求消除問題之所以形成的可能因素。此《老子》云：

和大怨，必有餘怨，安可以為善。是以聖人執左契，而不責於人。有德司契，無德司徹。天道無親，常與善人。（七十九章）

大小多少，報怨以德。（六十三章）

治大國，若烹小鮮。（六十章）

當爭端已起，大怨已成，再思以消解之道，則為時已晚，或許尚可求得一時的和諧相安，然若造成此一破裂對抗的因素不去除，則怨怒必有復發再現之時，故曰必有餘怨。根本消解之道，就在報怨以德。此怨之所以生，起於我心的不虛靜，以一己之心知執取去衡斷天下，凡與自己之價值規準不合者，即判之為不善者，凡不接受或認同自己之心知模式者，即斷之為不信者。如是，已將此等不善不信者，排除在聖人的權勢圈外，甚至視之為叛徒，由是而生怨懟之情與敵對之意，已構怨於天下。故如何對待此等吾心有怨之人，莫若吾心虛靜，以照顯其人之本德。如是，不善不信者皆可善可信，敵意一消解，怨怒自不生矣。故聖人執左契之根本，僅求符應對方，而不在其人之轍跡枝末來責求對方。是天道雖無親不仁，卻老是助引自然無為的人。由是言治道，不當有為有事，雖治大國，當若烹小鮮一般的不敢攪動。是大小多少，其意在治大若小，治多若少，無為無事，怨即無從生。此《老子》言之曰：

是以聖人無為故無敗，無執故無失。民之從事，常於幾成而敗之，慎終如始，則無敗事。是以聖人欲不欲，不貴難得之貨；學不學，復眾人之所過，以輔萬物之自然而不敢為。（六十四章）

此章最值注意者，在慎終如始。既云民之從事，常功敗於垂成之際，故老子似乎要人們堅持最後五分鐘，能慎終一如其始，以求貫徹始終的意思。此說就上下文的脈絡言之，不能通貫，而衡諸老子之義理系統，亦甚為不順。吾人以為，老子思想講清靜無為，本就要吾人打散勝人者有力與強行者有志的可欲之心與欲得之志，怎會要吾人奮鬥到底，作一最後的衝刺？故義理上要能順當講下，則慎終如始，此一「如」字當另求新解。依吾人之見，此一如字與「風雨如晦，雞鳴不已」之用法同，可當「於」解。故此章意在告訴吾人，天下事所以功敗垂成，不是不夠堅持或衝刺不足，而是一開始就出了大問題。此一問題在，不知足又不知止，而有執有為；一有執有為，必有敗有失。是以消解之道，惟在不起心知造作，生命自不會外逐散落。是欲不欲，學不學，即是無執無為，一者本身不尚賢不貴難得之貨，二者亦可救眾人造作外逐之過，僅輔成萬物之自然順遂，而不敢有為。故曰：

古之善為道者，非以明民，將以愚之。民之難治，以其智多，故以智治國，國之賊；不以智治國，國之福。（六十五章）

《老子》言民之難治，以其上之有為，此所謂之有為，一者是以其食稅之多，朝甚除而田甚蕪，卒陷天下人民於饑餓之境；二者是以國之利器示人，導引天下人民以昭昭察察為明，而自離其昏昏悶悶之愚。此明為分別心，愚為無分別心。有分別心，故有執有為，而必敗必失；無分別心，自無執無為，而素樸自在。故曰民之難治，以其智多。是以智治國，必國家滋昏，故為國之賊；不以智治國，則天下自定，故為國之福。這就是「為之於未有，治之於未亂」（六十四章），根本不使天下滋生難題，自陷困局。又云：

是以欲上民，必以言下之；欲先民，必以身後之。是以聖人處上而民不重，處前而民不害，是以天下樂推而不厭。（六十六章）

言下之，正是行不言之教，身後之，亦是處無為之事。如是，聖人既不貴不尚，天下人民亦不起可欲之心與欲得之志，自可知足知止，素樸自得。此其所以然之故，就在聖人欲上而言下，欲先而身後，正可以維繫政治場上的和諧。聖人已位居民上，權在民先，若不知言下身後，以求平衡，則必形成老百姓的重壓，而深以為害。若能絕聖棄智，處下不爭，儘管客觀的權位居於民上民先，在百姓主觀的感受上，亦可消除上下的對抗，而不以為重，不以為害，自會樂推而不厭。此《老子》言之曰：

民不畏威，則大威至。無狎其所居，無厭其所生。夫唯不厭，是以不厭。是以聖人自知不自見，自愛不自貴。（七十二章）

若聖人不知言下身後，由於僅知自貴而侮慢天下人民的日常起居，絕斷了他們的生路；由於僅求自見而讓他們失去了存在的尊嚴與意義，而厭棄了自己的生命。如是，天下人民不再畏懼暴力，則亂民並起的大暴亂，必隨即而至。故云他們不厭棄自己的生命存在，也就不會厭棄治理他們的政府。此《老子》又云：

太上下知有之，其次親而譽之，其次畏之，其次侮之。信不足焉，有不信焉！（十七章）

太上下知有之，為道家無心無為的大道之治；其次親而譽之，為儒家有心有為的仁義之治；其次畏之，為法家「吾得執而殺之，孰敢」（七十四章）的大偽之治；其次侮之，即「民不畏威，則大威至」，由畏之到侮之，此乃一線之間，政府信不足，人民即有不信。故云：

其政悶悶，其民淳淳；其政察察，其民缺缺。（五十八章）

政府無為，人民無欲而常足；政府有為，人民則有欲而不足。

由上言之，聖人無常心，不自見不自貴，言下身後，而以百姓心為心，使天下人民不以為重，不以為害，自會樂推而不厭；二者聖人清靜，不以智治國，即非以明民，將以愚之，天下人民自不會強行有志，勝人有力，而落於功敗垂成的終局。由前者言，是為「使夫智者不敢為也」（三章），由後者言則為「常使民無知無欲」（三章），也就是悶悶則淳淳，察察則缺缺之意。如是，事未有已為之，國未亂已治之，這正是「為之於未有，治之於未亂」的絕高智慧。

3. 圖難於其易，為大於其細

老子言聖人之治天下，以百姓心的呈顯，為其價值之所在。為了實現此一理想，一者行不言之教，處無為之事，使百姓知足常足，不離於樸；二者為之於未有，治之於未亂，在問題尚在蘊釀階段而未產生時，已為之有方，治之有策。《老子》云：

> 其安易持，其未兆易謀。（六十四章）

此言政局在安定太平中，易於持守維繫，國事在未見兆端時，易於圖謀規劃。也就是《老子》言「嗇」之早服與「儉」之用廣，乃在國難之未有時，即有所為，在亂事之未萌處，即有以治。故嚴格言之，天下之無事，並非本有自定，而是聖人為無為，事無事之功。老百姓在「安平太」的寧靜中，根本不知政治場上隨時可起的風暴，已在聖人洞燭機先的明照無為中化解，根本不知此為聖人之「執大象」始有以致之者，還以為這一切都是我自己如此者，是自化自樸者。這真是既簡易而又高明，做了一切似乎什麼也沒做一般，在輕描淡寫的談笑間，已消除危機於無形。

其次，是在難事之初起處，亂局之微細處，即早加破解打散，而不使其凝聚或匯成大難。《老子》云：

> 圖難於其易，為大於其細。天下難事，必作於易，天下大事，必作於細。（六十三章）
>
> 其脆易泮，其微易散。……合抱之木，生於毫末，九層之臺，起於累土，千里之行，始於足下。（六十四章）

天下難事，必由其簡易處積累而有，天下大事，必由其微細處匯歸而成。此一如合抱之大木，必生於毫末的萌芽成長，九層的高臺，必起於累土的堆積高築，千里的長行，必始於足下的逐步推進。就在其初起細微之時，最容易打散，在甫生簡易之時，最容易破除，故聖人之為大圖難，當於其易其細之際，早施為圖謀，而不坐視星星之火，自成其燎原之勢。故曰：

> 是以聖人終不為大，故能成其大。夫輕諾必寡信，多易必多難。是以聖人猶難之，故終無難矣。（六十三章）

真正的政治家，決不好大喜功，只因在問題之初起細微處，已打散消解，而不坐視其凝聚成大，或匯歸為難。如是，始能成其「治人事天莫若嗇」的大智慧，故曰聖人終不為大，故能成其大。一個人輕易許下諾言，必難踐履信守，也就是人為造作，必難逃「為者敗之，執者失之」的命運。故治理國事，面對亂局，在其初起甫生之時，不予正視而思以破解者，必積累而成大難。是以聖人視簡易為難，而敬慎處理，決不會成其大難之局。

歷代功業彪炳，顯赫一世者，由老子「治大國，若烹小鮮」的政治智慧言之，實不足道，亦無可觀，此既未防患於未然，又未能治之於機先，坐失「其脆易泮，其微易散」之機，在大患國難已成之際，再大有為的力挽狂瀾，成其英雄霸王之業。歸根究柢言之，其不落於畏之侮之而大威至者幾希。此《老子》云：

見小曰明。（五十二章）

是謂微明。（三十六章）

能見微知著，由小見大，才真是洞燭機先，有其知常襲常的虛靜明照。且以小治大，以少御多，才是儉而能廣，嗇則早服的妙道高明。吾人即由是而言老子的政治智慧。

㈢小國寡民的桃花源

老子哲學的政治智慧，首在聖人無常心，以百姓心為心，此絕聖棄智，聖人不傷人，堪稱老子政治思想的第一義。其次在為無為，事無事的簡易高明：此中行不言之教，處無為之事，是聖人不尚不貴，清靜無為，使民無知無欲，素樸常足；為之於未有，治之於未亂，是在事之未有，國之未亂時，已深謀遠慮，預作安排，此等未雨綢繆之舉，狀似無為，實已為於未有，治於未亂；圖難於其易，為大於其細，則在亂事難局之細易萌芽處，早加打散消解，而非待其成為大難時，始有為有事的忙亂求功。

此一哲人的理想，政治的智慧，落實下來，就是小國寡民的理想國。《老子》言之曰：

> 小國寡民，使有什伯之器而不用，使民重死而不遠徙。雖有舟輿無所乘之，雖有甲兵無所陳之，使人復結繩而用之。甘其食，美其服，安其居，樂其俗。鄰國相望，雞犬之聲相聞，民至老死不相往來。（八十章）

小國寡民，王弼注云：

> 國雖小，民又寡，尚可使反古，況國大民眾乎？故舉小國為言也。

此國小民寡而使返古之說，恐非老子原義，且國小民寡可使返古，況國大民眾的推論，亦反常悖理。吾人以為，此中之國小民寡，並非意在返回古之部落社會，且亦不在量上言，而當在心境上說。《老子》云：

> 樸雖小，天下莫能臣也。侯王若能守之，萬物將自賓。（三十二章）
>
> 樸散則為器，聖人用之，則為官長。（二十八章）
>
> 常無欲，可名於小。（三十四章）

人之所惡，唯孤寡不穀，而王公以為稱。（四十二章）

所謂小，乃就無知無欲與無名之樸說；所謂寡，即孤寡不穀之謂，或就絕聖棄智，以百姓心為心之虛靜無為說，或就受國之垢，受國不祥之處下承擔說。聖人用樸，始能為百官之長，侯王守樸，萬物將自正自化，而王公又以孤寡不穀自稱。凡此之說「小」言「寡」，皆就聖人之主體心境說，而非客觀存在之大小多寡的具體衡量。且《老子》又云：「大小多少，報怨以德。」亦是以小治大，以少御多，常善救人與不善亦善等無為而無不為之意。故小國寡民，正是清靜無為之素樸社會的表徵。此既是聖人之無為心境的表露，已為價值義，而非事實義。故以老子小國寡民之理想國，是為復古主義之說，實為誤斷。

依吾人之見，小國寡民正是對當時列國政局之統治權力的泛濫，與功利社會之物質文明的爛熟所作的反動。此梁任公論道家思想之精神云：

凡爛熟文明，必流為形式的相率以偽，此其宜詛咒者二也。⓫

⓫《先秦政治思想史》頁一〇七。

渡邊秀方言老子哲學亦作如是觀：

大概是因當時主知的周代文化，正由爛熟期移於頹廢期，禮法煩瑣，紛擾無止。他有意於根本更新，復於自然狀態，所以特為此說。他這說內含許多警世的反動的意味。⑫

由「殷尚質而周尚文」說來，時周文不免禮煩政苛，且行之日久，亦不免僵化扭曲，而殷政之精神在寬，當時之儒道兩家又具有殷文化的背景，孔子為殷裔之後，道家楚地又為殷民流布之地⑬。孔子以質救文，老子則以質反文，也就是在周文爛熟頹廢之際，有其重振殷文化之質，以救周文化之文的呼聲。如孔子以「剛毅木訥近仁」，又以「巧言令色鮮矣仁」，剛毅木訥是為樸質，巧言令色則為文飾，言君子則云「文質彬彬，然後君子」，是孔子言仁，可能即由殷政寬簡尚質的精神，透過其自覺體會而得。而老子以「禮者，忠信之薄而亂之首」，又以「前識者，道之華而愚之始」，其絕聖棄智，復歸於樸的思想，亦是承自殷文化之

⑫《中國哲學史概論》頁一一〇，商務印書館，五十六年一月臺二版。

⑬參見蕭公權先生《中國政治思想史》頁一九至二五。

尚質在寬而有。

老子對其小國寡民之素樸社會，有一段具體的描繪，今試加條列分析如下：

其一，使人復結繩而用之：此言聖人之清靜無為，不僅「始制有名，夫亦將知止」，且「吾將鎮之以無名之樸」。聖人自家不起造作之心，且帶百姓復歸於「不欲以靜」之境。

其二，使有什伯之器而不用：此言由無為無事而無知無欲，樸散則為器，聖人守樸，萬物自賓，故雖有利器巧智，亦無所可用。

其三，使民重死而不遠徙：心知不造作，不起可欲之心與欲得之志，生命自不外逐，由是而知足常足。故安土重遷，而不流落於外。

其四，雖有舟輿，無所乘之；雖有甲兵，無所陳之：人之生命既內在自足，而不外求，故雖有舟輿，實無所乘之；既素樸自在，而不爭逐，故雖有甲兵，亦無所陳之。

其五，甘其食，美其服，安其居，樂其俗：此為無狎其所居，無厭其所生之正面的陳述。侯王清靜無為，百姓之甘食美服，乃自甘自美；聖人不傷人，天下之安居樂俗，亦自安自樂。甘美安樂，皆就心之自在說。由是可知，道家之理想國，乃反樸歸真，而非倒車開回原始的野蠻。

其六，鄰國相望，雞犬之聲相聞，民至老死不相往來：此鄰國相望，意謂並非遺世獨立，在國與國間，仍面對相望，以其虛靜相照，而顯現其距離的美感，此一照顯相知而有的精神溝通，就是所謂的雞犬之聲相聞。然雖相照相知，卻不往來頻繁，亦不相互干擾，而維持其自我的獨立與整體的和諧。

此為老子素樸而非野蠻、獨立而不孤寂之理想國的輪廓。有謂老子為無政府主義者，此蕭公權先生論之曰：

老子無為之政治哲學，略似歐洲最澈底之放任主義，而究與無政府主義有別。……故就理論上言，老子所攻擊者非政治之本身，而為不合於道德標準之政治。⑭

依吾人之見，老子並非不為，而是為於未有，並非不治，而是治於未亂，且為之於事之初起、亂之乍現的細易處，以萬物在自然之化的歷程中，受外在物象的牽引，會有「化而欲作」的冒起，故素樸自然的社會，實有待於聖人之輔萬物之自然，鎮以無名之樸之功。

此一自在和諧之人間社會的構畫，其後再現復活於陶淵明的桃花源，此一哲人心境，在

---

⑭《中國政治思想史》頁一七二。

詩人筆下，又有一段真切的描述。此一窮盡桃花林，而在林盡水源處，豁然開朗，呈現在武陵漁人的自然景觀是：

其一，土地平曠，屋舍儼然，有良田、美池、桑竹之屬。

其二，阡陌交通，雞犬相聞。

其三，其中往來種作，男女衣著悉如外人。黃髮垂髫並怡然自樂。

其四，問今是何世，乃不知有漢，無論魏晉。……辭去，此中人語云：「不足為外人道也。」

這正是老子甘其食，美其服，安其居，樂其俗，與鄰國相望，雞犬之聲相聞，民至老死不相往來的真實寫照。故小國寡民的桃花源，是哲人的超越理境，也是詩人的心靈意境，是精神飛越之理境的開顯，是生命自在之人格的投射，有其真實的意義，而不應貶之為逃避人群之幻想式的烏托邦。

總括全章，老子形上哲學的價值歸趨，就在政治人生。是老子在人生上特顯其生命精神：由內在之慈的根源發動，在聖人不傷人的消極義之外，並進而成就眾德交歸食母玄同的玄德，與成全不棄人無棄物的整體和諧。在政治上獨開其政治智慧：一者由聖人無常心，以百姓心為心的虛靜能容，將價值實現的主體定在百姓的身上，其次由為無為，事無事的簡易高明，或令天下人民素樸自在，或防患於未然，或洞燭機先，弭禍及時，而有其小國寡民之理想社會的遠景。

226

第六章　價值重估與歷史迴響

吾人研究一家哲學，除了探討其思想本身的理論系統，能否證立圓成而外，尚可考察其哲學思想落實下來的歷史迴響，再回頭評估其哲理是否圓滿，與能否貞定其自己？當然，理論本身與其歷史迴響，是有其距離的，在政治社會的實務中，已加入了歷史時勢的後起因素，與人事因緣的外在牽扯，甚至其對後世所生發的動變影響，乃來自其思想的糟粕而有的扭曲形相，而非出乎其思想菁華而有的集成高明。故其成敗得失，自非老子自家所能負責。然至少可以反映出其理論系統之不能自足，而有被扭曲或轉向的缺陷。故本章有關老子哲學體系的價值評估，乃透過其歷史迴響，來加以反省衡定。

第一節　價值貞定不住，生命無所歸屬

老子哲學道法自然與心之虛靜的清流激盪，能正面挺立而開出的，一是莊子心齋坐忘以逍遙齊物的精神人格，一是荀子虛壹而靜以知類明統的大清明心。前者是生命的，後者是心知的。前者生命一路，後由告子、慎到而落為魏晉名士的才情任放；後者心知一路，則由荀

子之能慮能擇而落為申韓黃老之利害計量。告慎魏晉是生命自我的求全順應，申韓黃老是政治權術的因應運用。吾人若衡之以老子抗周文之禮法桎梏，與救儒家之聖智有為的原始初機，自以前者為道家之正路，後者則顯為歧出。吾人試在《韓非子》〈解老〉、〈喻老〉與王弼注之間，作一對看，仍以魏晉之心態較為相應，對老子義理的詮釋把握，亦較為恰當深刻。

吾人考察老子哲學所以有此等的扭轉，除了《道德經》的言簡意賅語焉未詳，而可資假借另起玄義而外，而老子之形上體悟僅顯其無為妙用，故歷代注解家與各家思想，皆能藉著其立身之時代問題的反省，而另有轉進開展。此中值得一說的是，莊子的哲學，雖屬道家一脈，然已深得孔門顏回安貧樂道，不違如愚之生命意態的陶冶；到了〈天下〉時代，則更進一步，已見儒道合流，而轉言內聖外王之道了。反之，荀子的哲學，雖屬儒家一路，然其天之自然義，與心之虛靜清明義，皆深得老子的啟發，由是而言「其善者偽也」，與「制天命而用之」，此自然無善而善在人為之說，適與老子本義對反，故其說乃出乎道而又極端反道家者。到了《大學》、《中庸》、《易傳》的年代，不僅孟荀之學已匯歸一爐，且《大學》言明德，《中庸》言自明誠，與《易傳》言一陰一陽之謂道，則已消化道家，不再是儒道歧出，而直是歸本儒學了。

由是言之，莊子與荀子，可謂深得老子思想之菁華，而有所推進或轉出者。莊子是援儒入道，而荀子則援道入儒，皆已非老子哲學的本來面目，而是在儒家找到價值的貞定與生命的歸屬。否則，即無以正面挺立或開出。且老子之形上玄義，亦非亂世人心所能體現而有的，是以一者而有告子、慎到與魏晉名士的生命頹落，二者而有申子、韓非與漢初黃老的治術流轉。此其原因，就在人心苦悶、精神崩落的世代裡，老子哲學的生命精神，固通透不出去，其政治智慧亦豁顯不開來。由此一生命精神的失落與政治智慧的扭曲，相當暴露出老子哲學價值無所貞定，生命失其歸屬的弱點。

(一)告子、慎到與魏晉名士的生命頹落

戰國中期，有三位哲人的思想，雖未見奧義玄理，而其顯露出來的絕望無奈，卻深值注目沉思。一為宋榮子的「見侮不辱」，二為告子的「不得於言，勿求於心；不得於心，勿求於氣」，三為慎到的「棄知去己，而緣不得已」。宋榮子的哲學，本屬墨家一脈，在兼愛非攻的政治理想落空破滅之時，墨家才士一者流為江湖俠客的私劍抱不平，二者則轉向宋榮子的身家見侮，僅能在內心拒絕接受，而不以為辱。此一如孟施舍在暴力威逼之下，僅能內求無懼，雖有不屈服之勇，亦見其無力反抗的悲涼。告子由不得於言，而退為勿求於心；再由不得於心，而退為勿求於氣。此由外之言而返歸於內之心，再由心之致虛守靜，而回到專氣致柔，

已十足的顯現其為道家性格。此中「不得於言，勿求於心」，意謂吾人面對他人的言語與社會的現象，內心不得而有所不安時，則當封閉吾心，以保住此心之孤明；「不得於心，勿求於氣」，意謂至若吾心孤明，已封閉不住外力侵擾，而被打破時，則並此心亦放下不留，而將生命自我放逐於自然形氣之場。慎到的「棄知去己」，出乎老子的致虛守靜，無知無欲，「緣不得已」，則與老子之歸根復命的自在自得大異，而僅順任外在不得已的自然物勢，一如枯草飛舞空中而隨風飄落，此反映出亂世人心所受到的傷害，已超乎其所能乘載的極限，僅求一如土塊般的無心無知，就不再有感覺，不知有痛苦了。吾人試想，在漫天烽火，舉世滔滔中，宋榮子、孟施舍被迫放棄了外在的世界，而把自我封藏在吾心之內；甚至吾心一隅之苟安亦不可得，告子、慎到再把生命流放到無心無知的物勢與血氣之地了。告子、慎到不知老子虛靜玄同與專氣致柔的真用心，卒取消了人的精神自我，而轉成塊然一物了。事實上，老子所謂之自然，乃超越的自然，而非物理之勢的自然，是價值的自然，而非生理之氣的自然。慎子但見老子的處下不爭，而不知其守柔常和，可以長久而成其大之義。故〈天下〉謂其道非道，非生人之行，而至死人之理。

此中原因，吾人試加探討，就在老子哲學，是由主體修證而開顯之境界形態的形上學，無僅是一作用、一境界，在心之致虛守靜，無為無事的背後，並未進一步的規定其真實內容。

此一進路，由負面反省入，僅志在消散生命的造作外逐而有的拘限困頓，而獲致其心志的解脫自在。然此一解脫自在，僅是一空靈作用的消解，而未有實理內容的生發，僅是一精神自由，而不能安立人間之政教禮法，故正面挺不出來，以其浮顯不出道德意識，顯現不出實事實物之故。此一精神的自由，雖是一切價值之所以可能的起點，然實不能定住其自己，亦不知要飄向何方。若未有莊子之妙道，荀子之清明，未有莊子由小而大，由大而化之精神人格的涵養，與心靈境界的開發，亦未有荀子之知類明統，師法禮義之化性起偽，道貫百王，僅有老子之無，實不能有所貞定，自安自足。是以必淪落為慎到的「棄知去己」、「塊不失道」，與告子的「不得於心，勿求於氣」了。即使魏晉名士有其天生才性的俊秀飄逸，亦僅能顯其智解妙悟，以其缺乏實修實證的人生修養，無文化理想與道德生命為其精神人格的支柱，故「唯顯逸氣而無所成」，其生命未有深厚的歷史傳統，雖能曠達自適，然未見大心胸大氣魄，生命顯得特為單薄悲涼。此牟宗三先生言之曰：

說到學問，無論是知識的或德性的，皆須有一股真性情：有追求真理的真誠，有企慕德性的真誠。如此，學方大方切。王郭之玄學，雖於老莊之本體能極相應而盡其蘊，然只是在名士氣氛下一點智光之凝結，故不可說大說切。故只是解悟之玄，而不是人生修養上之實修實證。……故王郭之玄學，是清談玄解之玄學，而彼並非道家也。……「不大」言其不能反照生命開種種意識，「不切」言其不能會之於己而為存在的體悟。❶

也就是說，此為智悟的，而非生命的，僅是一距離的美感，旁觀的清明，而欠缺實證的工夫，投入的承擔，故未有生命存在，價值體現的真實意義。

㈡申子、韓非與漢初黃老的治術流轉

道家之流入法家，其轉關在慎到❷。超越一切而又遍在一切之道的地位，為無不在的治國之「法」所取代；而道之動的天地之和，亦轉為無不禁的君上之「勢」，道之用的虛靜之弱，落於心則有自知知常之明，用之於政治，則發為君王無不知之「術」。此無不禁之勢與無不知之術，某些當代學者以為來自老子《道德經》的思想餘風。章太炎先生言之曰：

❶《才性與玄理》頁八一。
❷參閱拙著《韓非子的哲學》頁四二至四六。

《老子》亦有極端專制語，其云「魚不可脫於淵，國之利器不可以示人」，非極端專制語而何！❸

《老子》書中有權謀語，「將欲歙之，必固張之；將欲弱之，必固強之；將欲廢之，必固興之；將欲奪之，必固與之」是也。……歷來承平之世，儒家之術，足以守成。戡亂之時，即須道家，以儒家權謀不足也。……蓋撥亂反正，非用權謀不可，老子之真實本領在此。❹

錢穆先生亦引《老子》上述二語，斷定此為聖人權術，且為愚人之聖也。云：

彼既窺破了天道，善為運用，以成為聖人之權術，而又恐有人焉，同樣能窺破此天道，同樣能運用，同樣有此一套權術，以與聖人相爭利。故《老子》書中之聖人，乃獨擅其智，默運其智，而不使人知者。❺

---

❸《國學略說》頁一六一。
❹前書頁一六二至一六三。

必至老子，乃始轉尚實際功利，重權術，迹近欺詐，彼乃把握自然而玩弄之於股掌之上，偽裝若無為，而其內心蓄意，則欲無不為。❻

太炎先生，不過寥寥數語，點出《老子》有權謀語、專制語而已；錢穆先生則直以權謀術數來通觀《老子》全書，以為是《道德經》的真精神所在，此說則不免言重矣。《老子》被引證為權謀專制之說者，為三十六章，被斷定為愚民之說者，為六十五章。吾人今試解析其義，《老子》云：

將欲歙之，必固張之；將欲弱之，必固強之；將欲廢之，必固興之；將欲奪之，必固與之，是謂微明。柔弱勝剛強，魚不可脫於淵，國之利器，不可以示人。(三十六章)

古之善為道者，非以明民，將以愚之。民之難治，以其智多，故以智治國，國之賊；不以智治國，國之福。(六十五章)

---

❺《莊老通辨》頁一一七。

❻前書頁一一九。

前一段話，遍觀各家注義，以憨山大師最得善解：

此言物勢之自然，而人不能察，教人當以柔弱自處也。天下之物，勢極則反，譬夫日之將昃，必盛赫；月之將缺，必極盈；燈之將滅，必熾明：斯皆物勢之自然也。故固張者，翕之象也；固強者，弱之萌也；固興者，廢之機也；固與者，奪之兆也。天時人事，第人所遇而不測識，故曰微明。斯蓋柔弱勝剛強之義耳。❼

老子言明，乃由心之虛靜而有的明照，此一自知知常之明，是無心而映顯，故由固張而知將翕，固強而知將弱，固興而知將廢，固與而知將奪。此一如飄風驟雨之強行有志，勝人有力，自失其天地之和與陰陽之和，故在道之「復歸於無物」的作用中，而有翕弱廢奪之物壯則老，不道早已的終局。故既言微明，雖見微知著，亦當屬虛靜無心，又何來權謀算計？也就是說，心的虛靜明照是超越的無分別心，根本不算計，也就談不上權謀了。下文即由是而統言柔弱勝剛強，意謂守柔居弱，正所以得其常和之既大且久，而「魚不可脫於淵」，與

❼《道德經解》上篇頁九五，琉璃經房倡印流通，六十一年元月再版。

「國之利器，不可以示人」，亦承此而言，並非《韓非子・喻老》所謂「勢重者，人君之淵也」與「賞罰者，邦之利器也」之說。魚不可脫於淵，正是所謂不失其所者久，且《老子》又云：「心善淵。」（八章）故淵為處下居弱，不離於樸之意，又何來勢重之專制？所謂利器，意指巧智，國之利器，所以不可以示人，就因「民之難治，以其智多」，且不可以示人，亦重在聖人自身之不尚不貴，與不見可欲，對老子而言，聖智仁義尚且要絕棄超離，何況權謀術數？故「非以明民，將以愚之」，並非是愚民，而是使民復歸於樸。《老子》又云：

我獨泊兮其未兆，如嬰兒之未孩，……我愚人之心也哉！（二十章）

此既言聖人自家首當返樸歸真一如嬰兒，並非予智自雄，則何能謂之為愚民之聖人？是則，謂老子思想為權謀專制與愚民之說，可能就老子為法家所消化，為天下帝王家所運用之後而言，此則前有申韓之法術，後有漢初黃老之治術。《老子》言「道常無為而無不為」，無為其體，無不為其用，而體用為一而非二，道之真常，就在自然無為之當體，即顯其無不為之妙用，不可解為道的無為，是為了無不為，如是無為而無不為，即斷為兩截，無為成了手段，無不為才是其真正用心。吾人再看《老子》所云：

聖人後其身而身先，外其身而身存。（七章）

欲上民必以言下之，欲先民必以身後之。（六十六章）

此謂聖人後其身，反見身在民先，聖人言下之，反得位居民上，此亦無為而無不為之當體即用，而不是聖人先懷身先上民之心，始有其後身言下的演出。若不識此義，則老子之柔弱勝剛強，必難逃故示柔弱，以成剛強的權謀詐術了。且《老子》書中，不僅不同情儒家聖智之有心與仁義之有為，對法家之「以死懼之」的強力統治，更是痛加批駁。云：

民不畏死，奈何以死懼之！若使民常畏死，而為奇者，吾得執而殺之，孰敢？（七十四章）

此言若君上求生太厚，既自見又自貴，到了天下人民眼看存在尊嚴蕩然無存的時候，則法家以死懼之的嚴刑峻罰，即有時而窮。故就法家言，亦當在天下人民「不厭其所生」之時，作姦犯科者皆執而殺之，才有嚇阻說服之效。否則，「民不畏威，則大威至」（七十二章），必由「畏之」而「侮之」，卒致亂世暴民蠭起並出而後已。

由是而言，老子哲學的三寶，申韓得其「儉」，慎到得其「不敢為天下先」，然同失其首要之「慈」，故不免流為苛薄寡恩。老子之道術，由於道之內容，在無的作用中，不能有所規定。故慎到所謂道而非道，僅成自然之勢，而轉為捨人取勢之勢治說；韓非以法取代道，故道術轉成法術，由人無為而道無不為，轉為人無為而法無不為，再轉為君上虛靜無為而可明照天下之術，以燭私止姦。漢初黃老，即老子之清靜無為，雜揉申韓「刑名之言」而成的治術。此牟先生言之曰：

> 而且此種「作用地保存」亦只有道家修養工夫，達至聖人至人之境地，方能有此無礙之境界。此純屬於有主觀修養之聖人個人的事，並無客觀普遍之意義。……但此種作用，在客觀政治方面，卻只能用之於帝王個人，故曰君人南面之術。❽

吾人再看出土未久，抄寫於漢初的《帛書老子》，此一如《韓非子》之〈解老〉、〈喻老〉，均〈德經〉在前，而〈道經〉在後，正顯示漢初所謂之黃老，是出乎法家觀點，以詮釋老子

---

❽《才性與玄理》頁三六〇。

思想的黃老❾。且與《帛書老子》合卷抄寫而同時出土之四篇有關黃帝的書，可能就是《漢書・藝文志》中著錄的《黃帝四經》，其書開宗明義云：

> 道生法，法者，引得失準繩，而明曲直者也。❿

此明言由道而生法，正是援道入法的證明⓫，且書中多言刑名繩法，此吾人證諸《史記・儒林列傳》所云：

> 孝文帝本好刑名之言，及至孝景，不任儒者，而竇太后又好黃老之術。

---

❾ 參見〈帛書老子研究〉一文，載於《帛書老子》頁八九至一〇七，河洛圖書出版社，六十四年十二月臺排印出版。

❿ 《黃帝四經・經法》，見《帛書老子》頁一九三。

⓫ 參見〈黃帝四經初探〉一文，載於《帛書老子》頁二三九至二五一。

〈老子韓非列傳〉亦云：

申子之學，本於黃老，而主刑名。

（非）喜刑名法術之學，而其歸本於黃老。

足見漢初所謂黃老，就是道家言雜於申韓之後的產物，其本重在輕傜薄稅，與民生息的清靜無為。章太炎先生云：

自來學老子而至者，惟文帝一人耳。

蓋文帝以老莊申韓之術合而為一，故能及此。⓬

綜合上述，老子之虛靜明照，僅是一清冷的觀照，若未得其坤道母德之慈，則「旨約而易操，事少而功多」的儉，可能墮為權謀術數，「無建己之患，無用知之累」的不敢為天下

⓬《國學略說》頁一六二。

先，亦不免成其塊然一物了。不管是申韓或黃老，未有其形上體悟，則道退隱不見，僅術流落人間，不是申韓法術，就是黃老治術了。是老子超越的形上之道，與內在的虛靜之德，落實下來，一者其超越玄同的生命精神，落於告子、慎到與魏晉名士的生命頹落，二者其虛靜無為的政治智慧，亦轉為申子、韓非與漢初黃老的治術流轉。此其關鍵，就在無僅是一作用，而未有其實質的內容。吾人試就儒門教義，以見老子思想的不足。孔子曰：

知者樂水，仁者樂山；知者動，仁者靜；知者樂，仁者壽。（《論語・雍也》）

仁者安仁，知者利仁。（《論語・里仁》）

知及之，仁不能守之，雖得之，必失之。（《論語・衛靈公》）

老子言「上善若水」，又顯其自知知常的虛靜明照，足見是近於智者型的哲人。仁者不必有待於外，即能自安自足，故靜如山嶽之貞定恆常；知者以其有如流水一般的因應萬方，故有利於行仁，卻永不能自我修證而得其安足。是僅有知的高明，而未有仁的厚載，雖得光照顯豁，必失其生命的歸屬。此價值上貞定不住，故其生命精神與政治智慧，遂散落各家，為諸子所援用，亦為後人所扭曲。

且老子言無的作用，孔子亦有通權之說，云：

可與共學，未可與適道；可與適道，未可與立；可與立，未可與權。（《論語・子罕》）

此言吾人雖立身於道，然尚得更上一層的知其權變，才不會為道所限，故曰：「人能弘道，非道弘人。」足見儒家亦有權變求通的智慧。然孔子的真用心，勿寧是在堅持一原則：若生命未有所立，徒言權變，則僅有隨機因應一路，反而墮為大虛無。因為人不能肯定什麼，也不能佇足下來，只能把自己放逐到每一存在的時空去順任飄浮，只能不斷的無掉現有的存在，如是，不落在人際關係的固定之網中，才能保得住主體的自由，而不被既有的所拘牽限定。此狀似超越，實無異於逃離。而這就是老子哲學的缺憾不足，其僅見理性的光照，而乏生命的情熱，其故無此，其墮為慎到魏晉，與流向申韓黃老的原因，亦在此。牟宗三先生言之曰：

注意到政教，立見老莊學之不足。其總癥結是在道家思想中「內在道德性」之不立。先秦道家，其立言之初機，外在關聯的說，本是對沒落之周文之虛偽而發。仁義禮法

> 即如其為外在而外在地視之，而自然天真，則必由對於此外在之桎梏之直接否定而顯。此為自然天真之建立之破裂形態或激憤形態。即此自然天真之破裂形態，遂構成道家思想與仁義禮法之本質的衝突，因而亦是永恆的衝突。……進一步復有一內在地自生命自身說的原始初機，此即是對於一切人為造作，如生命之紛馳，意念之造作，觀念之系統等之害事之真切感受。再進一步，如何消化此人為造作而達至自由自在，自我解脫之自然無為之境界，方是道家真用心之所在，因而亦即在此使道家思想成為定型，成為人之精神生活途徑方面之定型。而即在此使道家思想成為定型處，遂使道家思想永不能接觸人之內在道德性，成為對此領域之永久封閉。⓭

此言道家外在地求以反抗周文桎梏之歷史的偶然，在其內在地志在消解一切人為造作之生命原始的初機之下，此一自然天真的追尋，遂與一切現存之禮法政教，完全處於激憤的破裂形態，如是在自然與名教之間，竟形成永恆的衝突。這是由歷史的偶然，轉為本質的必然，使得道家思想成為定型，永不能觸及內在道德性，並造成對此領域的永久封閉。老子哲學在

⓭《才性與玄理》頁三五九至三六〇。

價值上不能自足，在生命上終告滯落的缺憾，由其歷史迴響中已充分的顯露了出來。

第二節　精神主體的自由，藝術之美的觀照

吾人謂老子哲學，在價值上貞定不住，生命無所歸屬，這一評估對道家來說，恐非相應而令人心服之論。因為根本上，道家即在無掉一切既定之價值規準的作用中，呈顯一絕對的沖虛，與主體無所歸屬的自由。此一由絕對沖虛而顯現的主體自由，就是道家哲學之價值的所在。

且此中更存有一弔詭，其不在本質上肯定「是什麼」，而僅在作用上求以「如何保存」的虛心妙用，本當依附一正面挺立出來之人文教化有如儒家者，才真能以其豁醒消散的作用，而保存可能僵化扭曲的禮樂名教⓮。未料，老子哲學，由其外在地反周文桎梏之歷史的偶

⓮ 牟宗三先生《才性與玄理》頁二九三云：「窺道家之意，實是想將仁義禮文，乃至聖智推進一步，提升一步，而至『至仁、至義、至聖、至智』之境界，而期依詭辭為用的方式，由『無心為道』以實現之。此是作用的保存之，而不是儒家本體地肯定之。」頁二九四云：「對禮法而言，既不是積極地肯定之，亦不是積極地否決之，而只是體無通有，和光同塵，而不覺其有礙，故能至仁義禮法聖智之真也。」

然，卻逼出其內在地求以衝破一切生命紛馳，意念造作之反人文禮教之路，遂與儒家形成本質的破裂。是以，這一「作用地保存」的心志自由，頓失去其生命的歸屬，價值上定不住，其窺破天機的高明智慧⓯，僅在莊荀二家之歸依儒家處，有其逍遙齊物與知類明統的挺立轉出，此其而下則不免流為告子、慎到與魏晉名士的生命頹落，並轉出申子、韓非與漢初黃老的治術流轉，更別說為兵家、縱橫家所吸收運用，形成外交上之縱橫捭闔之權術，與軍事上不戰而屈人之兵與攻心為上的謀略，甚至流落江湖，被附會為神仙丹鼎的道教了⓰。

這一本質上求以作用地保存人文禮教的真用心所在失落了，卻意外地以其精神主體的自由，開啟了展現生命才情之美的藝術文學之門。這反而是道家哲學落在歷史長流中所形成之最直接、最深遠的影響。吾人無以名之，當真是應了老子自家「無為而無不為」的說法了。

此一路顯然不是荀子心知一路，而是順莊子生命一路開出的。老子「致虛極，守靜篤」，

⓯錢穆先生《莊老通辨》頁一一六云：「《老子》書中，卻像有一個天道隱隱管制著不許不平等。但這些天道，卻給一位懷著私心的聖人窺破了。」

⓰參見張師起鈞《老子》頁五五至五七，協志工業叢書出版公司，四十七年二月十五日初版；劉師培先生《國學發微》頁五六至五七，廣文書局，五十九年十月出版。

生命無所掛搭，純是一自然、一自在自得之境，當下豁顯一主體的自由。此一主體的自由，牟宗三先生言之曰：

至少可以說它是永遠停在「主觀之用」，而永不能實體地建立其自己，挺立其自己，客觀化其自己之境，因而亦永遠是偏面的主觀狀態之主體。……只有向兩方向申展；或是作道家工夫，向「非道德而超道德的自然無為之主體」走，或是只成為浪漫氾濫的文人生命之感性的主體。⓱

此言道家的正途，原在呈現一非道德而超道德的自然無為之主體。所謂的超道德，即求以超越在人文禮教的定執拘限之上；所謂的非道德，就是由此一超越一切規約既有而顯的主體自由。這一自然無為的主體，僅停留在主觀之用，並不能決定什麼，也永不能客觀化的挺立其自己。就為了存全這一非道德而超道德的主體自由，卻不必要的走上了反道德的路子。由是引發了儒道的對抗，與自然名教的衝突，遂轉為浪漫文人之感性的主體。這一發展，下

⓱《才性與玄理》頁三七五。

開兩路：一為名士生命的才全自然，一為山水田園的意境昇越。

(一)名士生命的才全自然

老子自然無為的虛靜心，不能承擔什麼，卻有其返照之明。明是一直覺觀照，不起可欲之心與欲得之志，心志的活動一解消，當下成立一無所為而為之純觀賞的趣味活動，外在物象在吾心不作任何判斷的直觀下，呈顯出其本來面貌。這一呈顯，是未有主客之對待，而能所一如的。此心非儒家之仁，不能有盡己之忠與推己之恕，對自我生命與社會群倫而言，僅是一不投入的旁觀，不免有置身事外的淒冷悲涼。然萬物卻在吾心的靜觀中，不被吾人主觀的知相意念所拘限決定，既不在可欲中扭曲，亦不在欲得中滯落，而顯現其自在之真與自得之境。儒家亦有「充實之謂美」之說，而所充實的是可欲之善與有諸己之信。此與老子不善亦善不信亦信之虛靜返照還其本來的德善德信不同。德是透過主體自然無為的修養而得，以其自然無為，故顯其樸質未鑿，天真渾成，道家即以此樸質天真為美。故曰：「美言不信。」又曰：「辯者不善。」（八十一章）蓋美言與巧辯，已有心有為，不是不善亦善不信亦信之無心自然的德善德信了。儒家之仁本是德性心，乃一切道德行為之所以可能的超越根據，此心發用，面對人的小體之欲，下一可不可的價值判斷，如是吾心所認可的欲也是善，且善之成德，端賴己之有心，為之有得，此有之於己的善，就是自我擔當，自修自證的信。故儒家以成就道德之善為美，道家以存全生命之真為美。此為兩家之極大分異處，並由此而開展吾國文學史上「文以載道」的道統文學，與返歸自然的浪漫文學兩路，前者如屈原、曹植、杜甫、白居易一路，後者如陶淵明、李白、王維、蘇東坡一路。

老子在可道非道、上德不德的反省下，謂：「天下皆知美之為美，斯惡已。皆知善之為善，斯不善已。」（二章）此一者謂美善非心知執取之美善，而為自然無心之美善，二者言固執滯落於世俗美善之現境的話，則更高一層之美善，即無由開出，是美非美，善亦非善。前者無心而自然，後者言超越而無限。道家老子即由無心而超越，由自然而說無限。不心知執取，則不受限定，亦不被傷害；不生命滯落，則虛心常照，美境自在。再真切的說，自然無為的真，就是善，也就是樸質無華的美。

由是可知，道家致虛守靜之真用心，本求以掙脫禮文政教的拘限，得一精神大解脫、大自在的主體自由。其後由「無為而無不為」之求以自由的支配世界，轉為無所為而為之得以自由的觀賞世界，前者為無為之為的政治智慧，後者為無用之用的生命情調，此中的轉變，顯然是透過莊子的轉化⑱。

這一由老子開出，莊子轉化之精神主體的自由，落實下來，與劉劭《人物志》系統之才性品鑒的美趣智悟作一結合，落在魏晉名士的身上，則為玄理上之智解妙悟，與生命上的任放曠達。前者即所謂的玄學名理，後者即所謂的才性名理。此牟宗三先生言之曰：

《人物志》之品鑒才性，即是美的品鑒與具體智悟之混融的表現。智悟融於美的品鑒而得其具體，品鑒融於智悟而得其明澈。其品鑒才性之目的，固在實用（知人與用人），然其本身固是品鑒與智悟的結晶。它既能開出美的境界與智的境界，而其本身復即能代表美趣與智悟之表現。因此，故能開出「才性名理」，而為有系統之妙著，下開王何向郭之「玄學名理」，乃是品鑒與智悟之用於道理者。⓳

老子之生命精神，本非落在具體的才性，而在超越的沖虛之德。魏晉名士由《人物志》而有具體的才性品鑒，由老子之虛靜明照，而有其超越的玄理智悟，故魏晉名士的生命，一者是具體的生命才情，二者是超越的生命情調，前者是美趣的藝術境界，後者是智悟的智悟

⓲參見徐復觀先生《中國藝術精神》頁四五至一四三，學生書局，五十六年十月再版。

⓳《才性與玄理》頁六四至六五。

境界。

且純就生命的放任曠達而言，不僅是阮籍之「禮豈為我設耶」，與嵇康之「非湯武而薄周孔」，甚至玄理上的智解妙悟，亦可不必要，而轉成多餘。故嵇康評向秀之欲注《莊子》，云：「此書詎復何注？正是妨人作樂耳。」無論才性與玄理，皆非名言所能盡，是真名士，乃由老子、莊子所轉出的藝術精神，與《人物志》的才性品鑒融會一爐，在自我生命上作一全幅的體現，而顯其美趣智悟的生命情調。此牟宗三先生亦云：

> 至於就當時能清言玄言之名士之生命情調言，如中朝名士、竹林名士、江左名士等，固全幅是藝術境界與智悟境界之表現。藝術境界有兩面：一是他們的才性生命所呈現之神采或風姿，二是先天後天所蓄養的趣味。⑳

神采或風姿，固是才性生命的具體表現，而其風神的生命情調，又有賴於智悟之開發，才能有其趣味的蓄養。吾人以為，吾國諸子百家，能顯其具體生命之精彩的，首推墨家徒眾

⑳ 前書頁六五。

之自苦獨任，義無反顧的豪情壯烈，此顯生命才情的陽剛之美，魏晉名士的美趣智悟，則顯其生命才情的陰柔之美。這都是生命才情無所委屈，不加轉折的直接迸裂而出，故特顯其豪壯與天真之美。故〈天下〉對墨子的評價是枯槁不舍的才士，而《人物志》也僅能欣賞英雄的風姿神采。此與孔孟之道德承擔的陽剛，老莊返歸自然的陰柔，亦自不同。以墨家才士、魏晉名士，皆是具體之生命才情的流布，孔孟聖賢、老莊真人，則是超越之生命精神的體現。此徐復觀先生亦言之曰：

老莊思想當下所成就的人生，實際是藝術地人生，而中國的純藝術精神，實際係由此一思想系統所導出。❷❶

魏晉名士，衝破禮教之藩籬，脫落人文之偽飾，將老子形上之玄理，與人物品鑒之才性結合，而有其藝術的人生。由是並將老子超越的主體自由，轉為感性的藝術精神了。

---

❷❶《中國藝術精神》頁四七。

(二)山水田園的意境昇越

老子哲學之超越的生命精神，固不在魏晉名士之才性生命的任放自然，而名士具體之才性生命的直接冒出，亦不必在山水畫田園詩之胸中丘壑的曲折渲染中表現。然整個魏晉是在新道家的精神氛圍中，其名士生命本身，就是藝術精神的表現，且有助於文學藝術之藝術性的自覺㉒。即以陶淵明的田園詩與謝靈運的山水詩而言，若無老子之心的虛靜明照與生命的超越自在，即涵泳不出來。此徐復觀先生云：

> 要能表現出山水的氣韻，首須轉化自己的生命，使自己的生命，從個人私欲的營營苟苟地塵濁中超昇上去，顯發出以虛靜為體的藝術精神主體。這樣便能在自己藝術精神主體照射之下，實際即是在美地觀照之下，將山水轉化為美地對象。㉓

㉒ 參見《中國藝術精神》頁三一九。

㉓ 前書頁二一二。

有了虛靜心，人才能從心知意念與道德實用的纏結中，超離出來，一者有從事美之觀照的藝術精神主體，二者也才能把天地自然化為美之觀照之藝術表現的對象。有了「結廬在人境，而無車馬喧，問君何能爾，心遠地自偏」的人，才能有「採菊東籬下，悠然見南山，山氣日夕佳，飛鳥相與還」之超拔自得的心胸意境。如是，自然的田園山水才能成為人的精神依託與生命棲息之所。

在田園詩篇而外，尚有山水畫境的高曠邈遠。吾國繪畫藝術，魏晉人物畫求其傳神，唐宋山水畫則求其氣韻生動，人物畫尚離不開仙佛的思想，山水畫始歸本於道家的自然山水。重要的轉變人物，則是詩中有畫，畫中有詩的王維。山水畫就是由王維的水墨淡彩，通過五代的荊浩，至北宋的唐元、李成，始告成熟。故王維被目為南宗文人畫之祖。

山水畫不是模寫自然，其所畫出的山水，不是感官所對的物象山水，而是在胸中開展的自然真姿。不僅畫千巖萬壑、木石煙雲，以求詩意於山水，且由自我生命的人格陶養與襟懷擔當，往外投射，賦與山水以隱逸的性格，或豐厚挺拔的生命，故有「人品已高，畫品自高」之說。故山水畫的創作，不求物象的形似，而重在胸中塊壘的抒發，此即成竹在胸，意在筆先之意。吾國山水畫的特色，不僅在獨具之勾勒線條的筆上見氣之剛，與沒骨淋漓的墨上顯韻之柔，且更根本的是，由自然山水的偏遠一角，以表現絕對的天地精神。此正是「行到水窮處，坐看雲起時」與「江流天地外，山色有無中」的美妙意境。此以常有觀徼，常無觀妙，在可道與不可道之間，搭建一道橋梁，在恍兮惚兮，其中有象，窈兮冥兮，其中有精中，表達出其無狀之狀，無物之象㉔。

由是而言，山水畫的高妙，就在以「有」顯「無」，故特重畫面的空白餘留，以表現意在言外之意。讓人的想像心靈，通過虛無的玄思，引入高遠清妙的超越領域，而得意境於象外。是山水畫特重人的生命逸趣與精神陶養，一方面是藝術作品的真實表現，另一方面也是生命價值的體現完成。

山水畫由文人逸士之隱逸趣味的自然流露，轉向仁人志士使命擔當之心胸氣節的鬱積表現，始漸趨深厚博大之境，此已觸及人的道德生命，故特顯其悲劇性，而深具撼動人心的力量，而不止是田園鄉居、山水治遊的自然景觀而已！此一文人畫的傳統，由元之倪瓚，明之董其昌，至明末四僧石濤、八大、髡殘、漸江，而臻高峰。此已漸離道家意境之優美淡遠，而成就儒家生命之悲壯崇高。此其表現，與魏晉名士的生命，與唐宋山水畫的精神，已有不同。元季明末之亡國之痛的衝擊，與政治暴力的迫壓，使文人志士不再能一如魏晉名士的放

㉔參見吳師經熊《哲學與文化》頁七四。

任才性，也不能一如王維、李成的安放山水，而是藉山水之形，以自抒胸中之氣，是以不再是單純的道家生命。他們深懷儒家的性情，有心擔當，卻不為時代所接受；又不能自安於自然，求詩意於山水，此之謂兩不著邊。陶淵明的田園詩，自成一格而意境昇越，乃其儒道兩家的性格得其平衡之故。而文人畫的大家，尤其是明末四僧，卻徬徨失落在內聖外王與山水田園之間，總覺得人間政教與自然山水，皆安放不下自己的生命，故其畫境的孤高突兀，正是此一生命扭曲破裂的表現㉕。

綜括全章，老子哲學的價值評估，從其生命與心知兩路的歷史迴響，已可見其大端。其作用地保存的本質性格，必依附開出人文禮教的儒家，始能彰顯其自家的價值，如莊子之逍遙齊物，與荀子之知類明統。此其而下，與儒家破裂，莊子生命一路則墮為告子、慎到與魏晉名士的生命頹落，而荀子心知一路則轉入申子、韓非與漢初黃老的治術流轉，以其無的作用，不能規定其內容，故在價值上貞定不住，生命亦無所歸屬。然就在這一價值未定、生命失依之下，卻顯現其精神主體的自由，而轉為藝術之美的觀照。這一藝術精神的突起開展，下開兩途：一為名士生命的才全自然，一為山水田園的意境昇越。惟吾人若在道家精神的山

㉕ 此與輔仁大學哲學系學生江日新先生論學而得。

水詩意，與注入儒家生命的文人氣節，作一比較，亦顯出道家精神之不足，以其少了一分氣魄擔當的崇高之格，也缺了一分撼人心弦的悲壯之美。此以儒家「用之則行，舍之則藏」（《論語・述而》），本涵有道家生命情性之自我安頓與排遣的性格。

結　語　現代意義

吾人以為，道家哲學雖有其價值貞定不住，生命無所歸屬的缺憾不足，故挺不出政教禮法，自不能成為政治人生的正面領導。然其生命精神與政治智慧，卻可在政治人生的纏結困頓與心知欲求的滯落陷溺中，發揮其豁醒消散，以至於提撕昇越的力量。其藝術精神的轉化，更使多少世代以來的吾國子民，得其心靈的淨化，維繫人生的平衡，並重振生命的活力。吾人甚至可以說，中國的文化傳統，本是儒道兩家孕育而成的雙重性格，中國人的生命情態，也有儒道兩家微妙結合的和諧平衡。故中國歷代文人，一方面是勇於執著的，另一方面是富於情調的；一方面是嚴正承擔的，另一方面是超化放曠的。中國傳統社會，一方面是閉鎖的，滯留不前的，似乎沒了生氣；另一方面卻是開放的，前進不已的，而富有生機。儒家的倫理社會，加上道家的藝術人生，使得吾國歷史傳統，在禮教淪為教條，瀕臨崩潰之時，也能有其自我調整，開展新機的生氣與活力❶。

---

❶ 參見拙著《文化復興與現代化》頁一〇七至一一二，正中書局，六十三年四月臺出版。

老子哲學，本在對儒家之仁義禮智的道德規條，作一超越的批判反省，而求以作用地保存人文禮教的真精神。故與儒家結合，始能有其正面的開展。若與儒家破裂，走非道德的路子，則不墮為告子、慎到與名士生命，就是轉向申子、韓非與黃老治術。此吾人讀古人書，而求以用心有得，首當深思反省者。

韓非子的哲學

作者／王邦雄

本書以天、性、心、情、欲等觀念為中心，探索其理論根基；以法、勢、術為重點，建立其體系架構。全篇分為七章，探討韓非子背景和思想、顯發精義與創見、明示困結及難題，加以深入而有系統的研究，是現代學者對前賢哲學的重建與追尋，將前人不朽之智慧，引入現代，成就韓非子永不褪色的歷史地位！

老子

作者／劉笑敢

本書以概念的深層剖析和體系的有機重構為主要方法，力求逼近老子哲學的本來面目，同時探討老子哲學的現代應用或現代意義。作者認為老子哲學體系是以自然為中心價值，以無為為實現中心價值的原則性方法，以辯證法和道分別為自然和無為提供經驗性和超越性的論證。

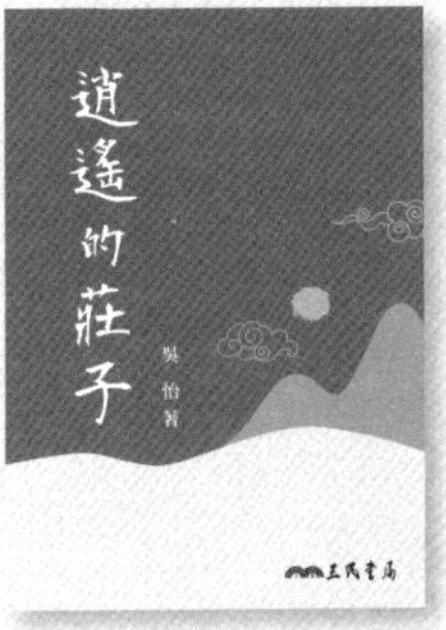

逍遙的莊子

作者／吳怡

「知識與道德是通向逍遙境界的大道」，作者以精闢簡練的文字，為莊子洗雪近二千年來學術界的誤解，重新詮釋「逍遙」的真旨，讓你能穿越時空，與莊子共體「逍遙遊」。

王陽明哲學

作者／蔡仁厚

陽明心學上承孟子，中繼陸象山，風靡累世。「王學」在明代中葉之後，何以成為歷史上顯赫的學派之一，甚至學說東傳至日本？在本書作者深入淺出、循序漸進的論述下，為您一一解答。

儒家思想——以創造轉化為自我認同

作者／杜維明

本書展示了作者為建立當代儒學的核心價值和終極關懷所作的努力。書中所探究的基本議題——人類與自然的和諧、個人與群體的互動、人心與天道的相應，都是導源於「為己之學」，而通向家國天下，並遙契天命的儒家教言。

中國哲學與中國文化

作者／成中英

本書由作者的十一篇論文組成，從中國哲學觀點論述中國文化五千年之獨特價值，並以方法學及西方哲學的知識，倡導中國哲學的重建。其中涵蓋孔子的智慧與正名思想、孟子思想體系的研究，以及《中庸》的致中和之說、王陽明的致良知之說，並延伸到顏元格物致知之學。

國家圖書館出版品預行編目資料

老子的哲學／王邦雄著.－－四版一刷.－－臺北市：
東大，2020
面；　公分.－－（哲學）

ISBN 978-957-19-3227-9（平裝）
1. (周)李耳 2. 學術思想 3. 先秦哲學

121.31　　　　109014073

哲學

老子的哲學

作　者	王邦雄
發行人	劉仲傑
出版者	東大圖書股份有限公司
地　址	臺北市復興北路 386 號 (復北門市) 臺北市重慶南路一段 61 號 (重南門市)
電　話	(02)25006600
網　址	三民網路書店 https://www.sanmin.com.tw
出版日期	初版一刷 1980 年 9 月 三版一刷 2017 年 1 月 四版一刷 2020 年 11 月
書籍編號	E120210
ISBN	978-957-19-3227-9

東大圖書公司